好校长有思路

思路决定出路

朱丹 主编

河南科学技术出版社
·郑州·

图书在版编目（CIP）数据

好校长有思路 / 朱丹主编．—郑州：河南科学技术出版社，2020.8（2021.1 重印）
（河南省名校长培育工程丛书）
ISBN 978-7-5725-0069-5

Ⅰ.①好… Ⅱ.①朱… Ⅲ.①中小学－校长－学校管理 Ⅳ.① G637.1

中国版本图书馆 CIP 数据核字（2020）第 128243 号

出版发行：河南科学技术出版社
地址：郑州市郑东新区祥盛街 27 号　　邮编：450016
电话：（0371）65788613　65788636
网址：www.hnstp.cn
策划编辑：李喜婷
责任编辑：冯　英
责任校对：吴贯一
封面设计：王莉娟
责任印制：张艳芳
印　　刷：河南博雅彩印有限公司
经　　销：全国新华书店
开　　本：720 mm × 1 020 mm　1/16　印张：14.5　字数：230 千字
版　　次：2020 年 8 月第 1 版　2021 年 1 月第 2 次印刷
定　　价：59. 00 元

序　言

好校长的炼成非一日之功

陶行知先生说："校长是一个学校的灵魂，要想评价一个学校，先要评论他的校长。"校长的优秀程度，决定着学校发展的高度。

好校长的评价标准是什么？正确的管理理念，亲和的形象魅力，良善的人格品性，强大的课堂领导力，悲悯的教育情怀，等等。一个好校长有诸多的美丽侧面，侧面越多形象就越饱满。好校长不是"高大上"的圣人，也有一些不足和瑕疵构成了带有缺憾的"完满"。但是，我认为一位好校长还是要有最基本的几项优秀品质：个人的文化影响力，清晰的办学思路，感人的语言风格和明快的讲话策略，这些是校长在成长过程中达到某种程度的里程碑。

近年来，河南省教育厅陆续开展了六批中小学名校长培育工程，以造就一支有示范引领作用的专家型校长队伍为目标，以基础教育改革发展和实施素质教育为中心任务，对一批办学实绩突出、发展潜力大的优秀中小学校长进行重点培养，着力提升他们的理论素养、胸襟视野、科研能力、专业精神，促进其办学治校综合能力的提高，使他们成长为有重要影响力的杰出校长和领军人才，并带动和促进全省中小学校长队伍水平的整体提升，为河南基础教育事业快速发展和中原更加出彩发挥重要作用。

在校长培育的过程中，我们发现了一个重要且尴尬的问题：虽然教育理论的资料汗牛充栋，但深耕一线、具有真知灼见和实操经验的鲜活教材很少。市场上关于校长的图书中，适合河南本土乡情、校情、教情、学情的书并不多。

此次编印这一套丛书包括：《好校长有思路》《好校长会讲话》《好校长重影响》。作者都是河南各地有些名气的一线校长，他们把实践中的所遇、所为、所想以及经验和教训进行总结提升，写成了可读性强、贴近性强的文字。我们把它们进行梳理，整合成了一个系统性的校长教材。这套书既能够拿来就用，又能够为校长的中远期发展提供不竭的续航动力，希冀对广大校长起到启发、借鉴的作用。

在《好校长有思路》一书中，可以看到校长普遍关注着办学目标、办学理想以及怎样实现的过程。实现的过程有诸多的思路，建好一支管理队伍、班主任队伍、教科研队伍、教师队伍、心理家教队伍，无疑是一条条重要的思路。而知人善任、人尽其才正是一位好校长的基本标准。这在义务教育阶段实行教师队伍“县管校聘”管理改革的当下有着特别的意义！

《好校长会讲话》这本书让大家有一个别开生面的新鲜感，这类书在书籍丰富的今天还不多见。时代发展了，民主办校、家校联治成为校长办学的共识，与学生的交流，与家长的交流，与社会的交流，成了校长难以回避的主要工作内容之一。怎么讲？讲什么？讲的初衷和效果怎样？都是校长们思考研究的问题。这本书从精选的校长讲话实战出发，为读者全景呈现了中小学、幼儿园校（园）长在不同场合、面对不同对象时的讲话案例。以校长怎么讲话来编写一本书，着实弥补了河南中小学校长培育的一个空白。

大家对河南教育的感觉似乎是默默无闻。河南没有好学校吗？河南没有好校长吗？带着这种思考，我们还编写了《好校长重影响》一书。教育是“一棵树晃动另一棵树”，说出了教育的本质就是影响力。影响力既是宣传策划、活动安排、平台建设、媒体利用等，更是一种文化的建设和道德感召力。我们不能把影响力看成是涂脂抹粉、沽名钓誉，它既是善美的弘扬，真理的传播，又是和社会、大众的沟通交流。

这三本书各成体系，从不同侧面呈现了校长身上必须具备的修养和素质。这套丛书从办学理论与实践结合之处切入，为中小学校长修行为“好校长”提供了一条有借鉴价值的路径。本套书的出版使我省中小学名校长培训有了专用书，希望读到此书的同志多提宝贵意见，为本套书的提升和再版一起努力。

本套书的出版，得到了河南省教育发展基金会的大力支持，在此深表感谢！

朱丹

2020 年 7 月

目 录

定位——找出学校发展的关键

构建——形成学校发展的体系

积淀——打造学校发展的文化

实施——创设学校发展的课程

激发——用好学校发展的团队

定位

——找出学校发展的关键

吴振民　河南省实验中学校长

河南省特级教师，河南省优秀教师，河南省学术技术带头人，河南省教育厅优秀教育管理人才，河南省教育专家，河南省文明教师。

打造学校的文化标志和集体性格

每位从河南省实验中学走出去的同学无论走向哪里，心中都会深深刻下八个字——异想天开、脚踏实地，每一个初次走进河南省实验中学的人，都会对河南省实验中学的八字校训留下深刻印象。河南省实验中学的八字校训已经成为这所学校独特的文化标志，也成为诸多实验学子的自觉追求与集体性格。

教育的核心价值就是培养人，实现人的价值。“异想天开、脚踏实地”的校训，就是河南省实验中学在对“培养什么人”这一根本问题思考的基础上，依据党的教育方针，结合教育核心价值、学校办学历史和发展实际提出的。

一、沿着历史足迹，挖掘学校精神内核

河南省实验中学的校园绿树环绕，环境幽雅，在一片绿荫之中掩映着一栋青砖红瓦、高檐画栋的古典建筑，这是学校建校之初的老教学楼。老教学楼为留苏学者设计，是典型的歇山式三层砖木结构建筑，是具备近现代功能的仿中国传统形式的仿古建筑。2012 年 6 月，老教学楼被确定为河南省“省

级文物保护单位”，2013年学校按照文物修复要求对老教学楼进行全面加固、修缮并在此建立校史馆。2014年9月校史馆正式开馆，我校杰出校友施一公专程赶回母校参加了校史馆揭牌仪式。“老教学楼是我们的精神家园和心灵故土，校史馆的建立是一声召唤，也是一声集结号，我们实验人都会在召唤中汇聚在这里，不忘青春、不忘师恩、不忘省实验赋予我们的根和魂！”一位校友在校史馆开馆当日动情地说。

河南省实验中学的根和魂究竟是什么？是独立思考的精神、求真务实的态度、突破创新的勇气和为国为民的担当。“独立、务实、创新、担当”，是这所学校六十多年沉淀下来的文化财富，也是一代代实验人的精神特质。2017年学校六十周年校庆之时，八十多岁的老教师侯志扬先生谈起了一段尘封的往事：“文革”期间，郑州市很多学校都在停课、游行、闹武斗，大批未成年的中学生纷纷走出校园，聚集在二七纪念塔附近举着各种白底黑字的斗争标语，有的学校甚至发生批斗老师的事件。但唯有河南省实验中学是一片净土，学校秩序井然，老师坚守岗位，学生安心学习，成为当时一种另类的存在。“这就是省实验中学的精神，求真务实、独立思考！”老先生谈起这段往事的时候，语气之中依然充满自豪、难掩激动。

“文化大革命”结束之后，在别的学校还百废待兴的时候，河南省实验中学早已开始大力发展竞赛教育和体育艺术，成为全国第一批培训并组织参加奥林匹克学科竞赛的中学。施一公1984年参加全国数学奥林匹克竞赛获得河南赛区第一名，被保送清华大学。紧接着，河南省实验中学于1985年、1986年蝉联全国数学奥林匹克竞赛河南赛区第一名，实现了数学奥林匹克竞赛“三连冠”，其中方为民1985年代表中国赴美国参加国际数学奥林匹克竞赛，并为国家夺得第一枚国际金牌，其价值和意义不亚于许海峰在奥运会上获得的首枚金牌！20世纪90年代，学校又创造了化学奥林匹克竞赛河南赛区三连冠的佳绩。河南省实验中学在学科竞赛方面一举成为全省的标杆，每年大批学生通过学科竞赛被保送到北大、清华等名校。进入21世纪，在保送政策发生重大改变的情况下，学校主动求变，积极创新，积极探索竞赛教育与自主招生等政策相结合的发展新途径，学科竞赛继续在全省保持领先地位。

2014—2017 年四年间，河南省实验中学夺得全国物理奥林匹克竞赛河南赛区三个冠军。20 世纪 80 年代初至今，河南省实验中学的竞赛教育能始终在全省保持优势地位，离不开独立创新的发展思路和求真务实的实干精神。

走进河南省实验中学校园，历届校友为母校捐赠的各种景观石和名人雕塑等随处可见。每一届从这里走出的实验人，都对母校心怀感激，在这里，他们不仅仅接受了文化知识的教育，更学到了做人的道理，培养了正确的世界观、人生观和价值观。

绝不培养“精致的利己主义者”，是河南省实验中学育人的原则和底线。河南省实验中学希望自己培养的学生无论将来从事什么行业，无论是精英人才还是普通大众，都要有一颗爱国之心，都要涵养家国情怀和民族自豪感。河南省实验中学既给予学生充分自由的发展空间，致力于培养学生的创新思维，发展学生的个性特长，又注重帮助学生树立正确的“三观”，引导学生坚守做人底线，培养踏实勤勉、实干兴邦的精神，努力使每一位同学实现个人价值和社会价值的完美统一。

二、紧随时代脚步，明确提出八字校训

进入 21 世纪，人们的思想更加解放，观念更为多元。社会对教育的关注度越来越高，家长对孩子的教育越来越重视，功利主义的教育思想也渐渐抬头，各种教育思潮不断涌现，教育改革进入深水区，教育发展迎来前所未有的机遇和挑战。在这种形势下，河南省实验中学从发展历史中提炼内核，从党的教育方针中研究方向，从教育规律中寻求出路，提出了“异想天开、脚踏实地”的八字校训。**异想天开关乎心，脚踏实地关乎行。河南省实验中学的八字校训既是对学校发展历史中形成的“独立、务实、创新、担当”精神内核的提炼，又是对新的社会发展形势下育人方向的思考和把握，更体现了学校为国育才的社会责任和使命担当。**

1. 八字校训诠释了解放思想、实事求是的理论意义

从字面意思理解，“异想天开”就是要解放思想，强调的是敢想、敢突破、敢创新；“脚踏实地”就是要实事求是，强调的是要行动、要踏实勤勉、求

真务实。这两个短语一个关乎心，一个关乎行，从两个互为补充的方面，生动诠释了我们党“解放思想、实事求是”的思想路线，以此作为校训，符合学生成长实际和心理特点，为广大师生所广泛接受，被很多人奉为座右铭。

2. 八字校训体现了多元开放、兼容并包的文化特色

从词语的感情色彩角度分析，“异想天开”本身是贬义词，常用来批评那些不切实际的幻想；“脚踏实地”是褒义词，常用来表扬那些踏实勤奋的行为。将两个感情色彩甚至内容截然相反的短语放在一起，作为校训，这从某种程度上体现了学校多元、包容、开放的文化特色。首先，学校鼓励多元文化、多样发展。每一个孩子都是一个与众不同的个体，有着不同寻常的特质，要因材施教，充分发展学生的个性和特长。其次，学校包容学生的缺点与不足。成长中的人都是不完美的，不能用一把尺子量人、不能用一个标准评价人，缺点放对了位置就可能变成优点，要科学引导，注重赏识，关注学生的身心健康发展。再次，学校坚持开放办学的发展思路。根据学生的特长和需求，为学生搭建了不同的成长平台，大力发展社团文化，组织开展各种特色活动，为每一个心存梦想的学生提供追梦的舞台。

3. 八字校训包含了大胆假设、小心求证的科学精神

作为一所有着六十多年办学历史的老校，河南省实验中学在发展过程中积淀形成了多元文化，其中一大特色就是科学精神。在河南省实验中学校史馆里的杰出校友墙上，你会看到这所学校为国家培养的一批优秀科学家、经济学家和科研工作者。除了施一公之外，还有先后获得两项国家科技进步一等奖、现任解放军信息工程大学校长的郭云飞少将，物理学家、金融学家刘啸东等。刘啸东是美国新泽西州立大学物理学博士后，曾任纽约州立大学助理教授，后来尝试以物理学建模的方式研究基金和股市，并取得巨大成功，从此进军金融领域。1990年起，他担任华尔街一家证券投资公司董事总经理，每年交易量超过几百亿美元。1999年底，因为国家对金融人才的迫切需要，刘啸东毅然放弃海外的职位，归国担任上海证券交易所副总经理，负责国际业务、新产品开发、战略规划、市场开拓、市场监察、信息统计和信息经营等业务，为中国金融业的发展做出了杰出贡献，现任赛领资本管理有限公司

总裁。

“异想天开、脚踏实地”的校训已经深深刻入实验人的骨子里，成为实验人的集体文化符号，并引领一代代实验人大胆创新、勇敢突破、踏实勤奋、追求卓越。

三、明确办学方向，形成多样化发展特色

在“异想天开、脚踏实地”理念的指引下，学校明确了“全面发展、追求卓越”的办学方向，积极推进教育教学改革，全面实施素质教育。学校普通教育、竞赛教育、国际教育、艺体教育、航空教育、民族教育等特色纷呈，办学水平不断提升，教育教学成果丰硕。高中部每年均有大批毕业生被清华大学、北京大学、复旦大学、浙江大学、中国科学技术大学等国内“双一流”高校录取，培养质量在省级示范性高中中名列前茅；初中部教育教学质量连年攀升，受到社会普遍赞誉；国际部每年为美国哥伦比亚大学、加拿大多伦多大学等世界一流大学输送大批优秀毕业生；2018 年、2019 年两届航空班共为空军航空大学输送近九十名优秀飞行学员，其中 7 名同学获得清华大学、北京大学和空军航空大学双学籍；校运动队每年有 80% 以上的同学考入“双一流”高校，校篮球队、足球队、田径队稳居河南省霸主地位，并在全国比赛中摘金夺银，2017 年以来校足球队多次获得全国冠军，并代表中国参加亚洲、世界中学生足球锦标赛，2019 年夺得首届亚洲五人制中学生足球锦标赛季军。此外，学校在社团文化建设、科技创新等方面均取得丰硕成果。2018 级空军航空实验班代表河南省参加由教育部主办的“‘歌唱伟大的祖国’2019 年全国中小学班级合唱展示活动”，获得全国一等奖。

当前的河南省实验中学已然形成多样化发展、多元化育人的鲜明特色，并将继续在基础教育领域发挥示范引领作用，为河南教育出彩、为祖国教育发展做出更大贡献。

韩　松 郑州市第一中学校长

中小学正高级教师，河南省人大代表，河南省人大教科文卫委员会委员，河南省第七届省督学，全国优秀教育工作者，河南省教育系统先进工作者，河南省教育厅学术技术带头人。

基于自主精神培育的育人探索

当今时代中国发展日新月异，而世界的不确定性正在增加，社会的复杂性前所未有，学科知识深度融合，职业分工日益精细，人工智能步步紧逼，社会需求空前多元，教育所面对的挑战和将要应对的矛盾层出不穷。多元的知识获取途径、泛在的学习环境等外在因素，正深刻影响着教育目的、教育方式的变革。作为基础教育提升的收官阶段，普通高中承载着无比厚重的使命和责任。怎样培养今天的人，让其更好地应对明天的生活，是我们每一位教育工作者必须回答好的时代问卷。

一、新时代呼唤“自主性”教育

十八大以来，党中央国务院及教育部相继出台相关文件，加强对基础教育的引导和管理，其中明确强调要大力培养创新型人才。创新是一种最高级的综合性生命活动，它需要人高度的主体性做基础。学生若不能树立自我学习意识、确定自身主体地位，就难以产生教学过程中的主动参与和主动探索，只能是被动接受，其创新思维的培养更是无从谈起。因此，**可以说创新精神**

源于自主精神，一个人如果没有丰厚的自主精神，那么在人生中，其创新精神最终会变成无源之水。学校要想营造出适合创新型人才成长的沃土，就必须将校园打造成彰显学生自主精神的乐园。

在教与学的关系中，教师是教育教学的管理性的主体，但不是教育教学主体，教育教学真正发生的主体是学生自身，就本质而言，教学真正发生的过程中，唯一的主体是学生。因此，我们认为，学校教育的首要任务，是激发学生在教育教学中的主动性，变被动接受角色为主动汲取角色，使学生在教师指导下，通过各种教育资源的合理利用，较好地自行掌握知识和技能，并激发思考，生成问题，解决问题，从中领悟学习的真谛。学校要在学生学习过程中创造有助于个性舒展、生命涌动、多元体验的环境，避免整齐、单向的教育教学轨迹，给学生足够的学习自由，使学生的主体意识在适宜的环境中得到发育和培植，学生的思维品质得到成长和优化，为创造性思维生长和终身学习打下良好基础。

依据涂尔干道德三要素观点，无论是遵守纪律还是效忠群体都是外界对个人的行为约束，并非个人在自知或自愿情况下形成的道德行为，同时，任何外在的约束最终都难以形成真正的道德。而“自主精神”正是对二者缺陷的弥补。同样的道理，我们认为，学校需要将学习转变为学生的内生动力，让学生真正学会学习、热爱学习，从而激发自身的潜能。从这个角度讲，**培养学生“自主精神”，既是新时代基础教育的迫切需求，也决定着一所学校的办学品质。**

二、郑州市第一中学具有丰富的“自主教育”文化积淀

七十年风雨兼程，七十载风华烂漫。1949 年，郑州市第一中学迎来新生，与伟大的共和国同呼吸、共命运，踏上了波澜壮阔的新征程。1959 年，郑州市第一中学被确定为“河南省重点中学”；1980 年，被确定为“河南省首批办好的重点中学”；2004 年，被确定为首批“河南省示范性普通高中”；2017 年，被确定为首批“河南省普通高中多样化发展示范学校”。七十年来，四易校址，三更其名，一代代郑州一中人弦歌不辍、锐意创新，一直致力于优化育人方

式的实践与探索。

从成立之初的“自学辅导教学法”，到20世纪60年代的“学生竞赛擂台”；从20世纪80年代注重学生素质培养和人格塑造，到20世纪90年代高举素质教育大旗；从21世纪之初以“独立自主精神”为理念，激发学生学习兴趣为目标的课程教学体系，到近十年来开展的“主体课堂”“自习课堂”“卓越课堂”等系列彰显自主精神的教学改革活动，倡导学生“自主学习”的理念贯穿七十年的发展历程，从未间断。引导学生全面发展、强化学生自主精神、塑造学生优秀品格，已成为郑州市第一中学一以贯之的教育文化。一代又一代学子，青春在这里盛开，生命在这里升华。

继往开来，守正出新，在传承以往优秀办学经验的基础上，我们梳理提炼、优化整合，逐渐形成以“生活上自主服务、功课上自主学习、组织上自主管理”为主要内容的“培育自主精神”的教育理念，并使之成为学校办学的鲜明特色，也在从这所学校走出的学子身上打下了深深的印记。

三、“培育自主精神”内涵解读

众所周知，中国学生发展核心素养以培养“全面发展的人”为核心，分为文化基础、自主发展、社会参与三个方面，综合表现为人文底蕴、科学精神、学会学习、健康生活、责任担当、实践创新六大素养。它聚焦于适应终身发展和社会发展需要，是当下学生的必备品格和关键能力，而“自主发展”又是其中的重要目的和有效途径。

“自主发展”重在强调能有效管理自己的学习和生活，认识和发现自我价值，发掘自身潜力，有效应对复杂多变的环境，成就出彩人生，发展成为有明确人生方向、有生活品质的人。实现“自主发展”，首先要立足现实，准确定位自我，为自己在广阔的现实世界中找到方向，明确目标，并为之集中有限的时间和精力，潜心沉思，笃学善问，最终提升自我、完善自我。

具体到郑州市第一中学而言，“培育自主精神”，可以从学校、学生和教师三个层面解读：

学校层面，就是要调动一切教育资源，积极唤醒学生自主意识、提高自主能力，强化自主精神。尊重学生个体差异，关注每个学生发展；激发学生个体潜能，促进学生全面发展；培养学生个性特长，指导学生的终身发展。努力把学校打造成一个学生快乐、自由成长的乐园，让不同层面的学生都能得到最大化的发展，都能奏响自己生命的幸福乐章。当然，这种自主自由不是散漫的毫无边际的自由，它是在郑州市第一中学“精雕细刻、养之有素”的校风引领下的有规范、有空间平台的自主。

学生层面，就是完善课程体系，创造有利条件，保护学生获取知识的本能需求，诱发学生对新知的好奇，激发学生探索未知的冲动，修复学生的学习欲望，全面突出学生的主体地位，最大限度激发学生内驱力，积极引导学生实现生活上自主服务、功课上自主学习、组织上自主管理，自主自觉地完善自我，追求卓越，使学习成为师生携手完成的创造之旅，使学校成为师生共同成长的精神家园。

教师层面，学校引导教师树立远大职业理想，以强烈的自我实现意愿促进专业发展。一方面，学校引导教师构建“学生学习的组织者、引导者、参与者、促进者”等多重角色身份，建立“平等和谐、相互促进”的新型师生关系，为培育自主精神提供肥沃的教育土壤。另一方面，学校为教师搭建“自由、主动、灵活”的成长环境，学校这么多年一直不点名、不签到，让教师真正主动地投入到教育教学中来，爱岗敬业，自由主动地工作、学习和生活。

进入郑州市第一中学大门，左手边是学校的牧羊坡景观。青青的草地，羊群在自由自在地吃草、玩耍，象征教师的羊倌，没有将鞭子高高举起，而是收在手中，它表现的就是郑州市第一中学的自主精神：学生在校园自由自在地学习、成长，教师负责引导、守望和保护。

在右手边，是名为“ZYZ 先生”的雕像（“ZYZ”即“郑一中”），一个人手拿工具，正慢慢把自己雕琢出来，意在形象说明“智力靠自我开发，身心靠自我磨砺，人格靠自我塑造”这一理念。我们认为，自我雕琢、自我磨砺的成长才是真正的成长。

一个人的成长与发展，天赋、环境、机遇、学识等外部因素固然重要，但更重要的是强大的“自主精神”。学生具备这种“自主精神”，就具备了较强的自控力和内驱力，就会时刻清醒自己该往哪个方向努力，如何去实现自己的目标。同时，也学会了处理课堂上主动学习与被动学习的关系，自习时自律与他律的关系，遵守规章制度时自觉与强制的关系。这样，学生就逐渐成长为既能自主学习又能与人合作，既具有良好的学习习惯、科学的学习方法又能够独立思考，敢于质疑、勇于探究，并能够把学习所得运用于社会生活中，知行合一、慎独律己的社会栋梁之材。

教育新时代，学校会继续高举“培育自主精神”的旗帜，通过夯实德育工作、优化课程建设、加强教学改革、积极推进育人方式改革，最终落脚到校风“精雕细刻、养之有素”上来，传承一中精神，建设百年名校。

教师哺育学生以知识和良知，以“仁而爱人”的情怀投身于教育事业；社会回馈教师以尊重和敬仰，用“亲其师而信其道”的态度报答师恩。正是在这种相互珍重和付出中，文明薪火得以延续，价值理念得以远播。

教育决定着人类的今天，也决定着人类的未来。我们要牢固树立中国特色社会主义理想信念，带头践行社会主义核心价值观，自觉增强立德树人、教书育人的荣誉感和责任感，踊跃投身于教育创新实践，积极改革育人方式，为祖国教育事业的发展提升，做出我们应有的贡献！

李　明 河南省淮滨高级中学校长

教育部中小学名校长领航班学员，全国优秀校长，享受国务院政府特殊津贴，全国优秀教师，中原名师。

教育：生命对生命的影响

我始终认为，校长的定位与境界往往决定了学校的定位与境界，“一个好校长，就是一所好学校”。虽然，我不能说自己是一个好校长，但是我始终勉励自己要有教育家办学一样的追求。

苏霍姆林斯基说过：“校长对学校的领导，首先是教育思想的领导。”一个好校长，对教育的本质要有深刻的理解，对学校的发展要有准确的定位，对学生的未来要有科学的引领。

教育的本质归根到底是个体的社会化过程，教育是关乎生命的事业，贯穿于自然生命体的成长过程，必须摒弃那种漠视生命存在的教育，将教育的本体指向由具象的师生行为，抽象到关注生命成长的过程。因此，**教育的本体是生命，教育的形式是影响，教育的意义是改变生命。**

教育的本体：生命。**生命恰似两个永恒之间的一片峡谷，“生”是起点，“命”是终结，而连接这起点与终结的便是教育。**一切教育活动都是围绕人的生命进行的，教育与人相伴相生，在人的各种形态的生命中都起到至关重要的作用。教育是基于生命、伴随生命、完善生命的事业，教育伴随生命成长，教育能够延伸性命的长度、拓展生命的宽度、成就使命的高度。

教育能够唤醒人内在的发展自己的力量，能够唤醒人对自我生命价值的思考与追求，进而丰富人的精神世界。人有着自身所独有的反思能力，随着认识的深刻，人会因自身精神的追求而产生创造价值的使命感，并自觉承担起对个人、对家庭、对社会、对国家、对人类文明的责任与使命，使原本自然存在的性命因不断的社会化而逐渐达到使命的高度。

教育的形式：影响。北宋思想家、教育家张载说：“教之而不受，虽强告之无益。譬之以水投石，必不纳也。”基于教育的本体是生命这一认识，我们必须转变传统教育教学中只注重知识的“传递、传授”这种外在强加式的教育方式，构建起碰撞、对话、交流的生命场域，在生命场域中相互影响，产生共振，激发共鸣，进而丰富生命，提升生命。因此，“影响”才是教育的形式或途径。教育对人的影响，实质就是唤醒人的意识，激发人的精神；丰富人的情感，启迪人的心灵；提升人的境界，生成人的智慧。基于影响的教育行为观，教育就是点燃精神，点悟心灵，点化智慧。

教育的目的：生命成长。现象与本质具有密不可分的关系，透过教育现象，我们应该追问：教育的本质何在？教育的目的何在？

德国教育家雅斯贝尔斯说：“教育活动关注的是人的潜力如何最大限度地调动起来并加以实现，以及人的内部灵性与可能如何充分生成。”将生命作为教育的本体来认识，教育的过程其实就是生命意义逐渐显现的过程，教育的目的就是通过助力生命自信，使教育对象能够从容应对人生的各种问题和挑战；催发生命自明，让人逐步形成自主发展的人格；促进生命自觉，使人能够运用有利于其生命成长的优势资源，主动参与环境的改造，把责任意识和责任能力转化成自觉的人生习惯，用自己的生命影响生命、唤醒生命，从而使更多的生命得以滋养与提升。

学校教育是生命对生命的影响，是通过生命的影响，让学生的生命得到充分发展和提升，从而拥有善良的人性、丰富的生命、高贵的精神。学校应是自立立人、自达达人、自觉觉人的追求生命自觉的精神家园。

一、立足时代，找准定位，坚持特色发展

根据《国务院办公厅关于新时代推进普通高中育人方式改革的指导意见》：“普通高中多样化有特色发展的格局基本形成”是新时代推进普通高中育人方式改革的目标，因此，普通高中应坚持特色发展，确立自己的培养目标，形成共同的价值追求，构建起全面培养体系，开展思想指导下的系统实践，落实立德树人的根本任务。

1. 厘清“特色发展”内涵

特色不是特点，也不是特长，而是在特定的、具体的环境中所形成和发展的显著区别于其他事物的风格和形式。学校特色发展就是学校教育思想的全面彰显和教育价值的不断体现。

2. 找准学校发展方向

“多样化发展”“办出特色”，这是党和国家对普通高中提出的要求，也是满足不同潜质学生发展、促进学生生命成长的现实需要。要找准学校自身定位，坚持特色发展，遵于时、合于道。

3. 确立学校培养目标

淮滨高中在“教育：生命对生命的影响”教育思想引领下，以“培养具有生活幸福品质、生命精彩能力、使命担当精神的德智体美劳全面发展的社会主义建设者和接班人”为目标，开展思想指导下的系统实践，办学特色逐步彰显，教育价值不断体现，师生生命茁壮成长。

二、明确方向，凝心聚力，形成共同价值追求

每个学校对教育都有自己的理解和追求，一所学校的学生培养、教师成长和学校发展靠的就是共同的价值追求。普通高中应在遵循国家教育大方向和基本要求、基本规范的前提下，正确定位自己：应培养什么人，该如何培养人。只有形成自己的价值追求，才能构建学校培养体系，办出学校特色。

在“教育：生命对生命的影响”的思想引领下，我们树立了“为生活幸福奠基，为生命精彩引航，为使命担当铸魂”的学校教育价值追求，并将其

作为师生生命成长的根基。

1. 为生活幸福奠基

丰富和健全心理情感的三个基本要素：感恩、感动、感悟。唤醒人性中的善良，是感恩教育的最终指向，幸福作为一种心理感觉，本身就包含着感动。感悟让人更主动更客观地认知世界、体悟生活，使生命在成长与发展过程中更易获得满足感和幸福感。我们的教育，就是唤醒人性的善良，提升人的感知能力，让人学会感恩、感动、感悟，成为人生命心理情感的基本要素，从而为个体拥有幸福的生活奠基。

2. 为生命精彩引航

要让每个生命自信、自明、自觉。教育的本质不是知识和技艺的传授，而是精神的传递、方向的引领、能力的提升。我们的教育价值追求，就是让人变得自信，达到自明，走向自觉，改变生命的存在状态，丰富人的生命，使人获得生命提升的重要潜质，引领生命走向属于自己的精彩。

3. 为使命担当铸魂

每一个生命对于家庭、社会、国家、人类，都必须有自己的使命和担当。一个灵魂高贵的人才会有使命和担当。我们的教育就是唤醒人对自我生命价值的思考与追求，注重人的精神世界的丰富，使人因自身精神的追求而产生创造价值的使命感，并自觉承担起个人的责任与使命。我们的教育，就是要培育师生的担当精神、责任意识，使每个生命具有高贵的灵魂，这样的生命才会因强烈的使命感而自觉承担起国家富强、民族振兴的责任。

三、思想引领，系统实践，追求生命自觉

马克思说过：“人是由思想和行动构成的，不见诸行动的思想，只不过是人的影子。”因此，我们探索生命自觉的深刻内涵，明确培养生命自觉的主体和方向，通过开展教育思想引领下的系统实践，在生命对生命的影响中，使生命不断走向自觉。

1. 生命自觉的理解

自觉是指“自己有所认识而主动去做”。我理解的“生命自觉”是人对

自己的思想、价值、行为的主动构建与追求。首先体现在知识意义的发现和建构；其次是人格精神的实现和完善；再次是生命价值的超越和奉献。生命自觉是基于人的内驱力得到充分激发并持续生成，生命保持自我维持、自我提升和自我超越的一种追求。

2. 生命自觉的思考

追求生命自觉的学校教育应包括：校长的生命自觉、教师的生命自觉和学生的生命自觉。

校长要不停追问教育本质，凝练思想；不断加深对教育的理解，指导实践；不忘初心，忠诚于党的教育事业。

我们坚持把教师队伍建设作为基础工作，建设新时代高素质专业化创新型教师队伍，首要任务是引领全体教师形成生命自觉的价值认同：一是对好教师标准的认同；二是对教师社会价值的认同；三是对自身生命发展的认同。

习近平指出，培养什么人，是教育的首要问题。我们要培养的是具有坚定的理想信念、深厚的家国情怀、高尚的品德修养、渊博的知识见识、强烈的奋斗精神、优良的综合素质的德智体美劳全面发展的社会主义建设者和接班人。学生的生命自觉体现在以下三个方面：一是学习能力的自我培养；二是创造精神的自我点燃；三是道德境界的自我提升。

3. 生命自觉的实践

有什么样的教育思想，就有什么样的办学行为；有什么样的学校文化，就提供什么样的成长土壤；有什么样的学校课程，就能够达到什么样的培养目标；有什么样的课堂，就有什么样的学习；有什么样的教师，就有什么样的教育；有什么样的学生，就有什么样的未来。

在这样的理念指引下，我们通过浸润化育、丰盈滋养、对话交流、互助引领、实践创新、团队共襄，来达到师生的认同自觉、选择自觉、学习自觉、发展自觉、成长自觉、行动自觉的目的，引领师生行走在追求生命自觉的大道上。

教育是生命对生命的影响，学校就是师生追求生命自觉的精神家园。一切有价值的教育一定是立足当下，面向未来。我们的教育价值追求，就是在教育思想引领下，坚持特色发展，通过点燃、点悟、点化，促进师生不断提升生活幸福的品质、生命精彩的能力、使命担当的精神，让生命在相互影响中提升自信、变得自明，最终走向自觉。

高正起 郑州中学党委书记、校长

河南省特级教师，全国“杰出校长”，全国五一劳动奖章获得者，河南省名校长，河南省教育厅优秀教育管理人才，河南省优秀教育工作者，享受郑州市政府特殊津贴。

培养世界的中国人

党的十八大报告对中国特色社会主义事业五位一体的总体布局进行了新的谋划，对坚持教育为社会主义现代化建设服务、为人民服务提出了更高要求。随着世界多极化、经济全球化深入发展，国际经济格局发生新的变化，综合国际竞争愈加激烈，知识创新越来越成为提高综合国力和国际竞争力的决定因素，人力资源越来越成为推动经济社会发展的战略性资源，教育和人才优势正成为国家最核心的战略利益。

建设人力资源强国中的“强”，是以达到世界一流或先进水平作为衡量标准的。因此，我们的学校教育要担负起两个国家命题：一是需要我们在扩展国际视野中，形成具有先进水平的、具有我国特色的教育体系。在这个过程中，要努力推进教育的国际化，借鉴国外优质教育资源，从中汲取有价值的元素，促进学校现代化教育体系构建。二是要承担起为社会培养创新拔尖人才的重任，培养大批具有民族情怀、国际视野，通晓国际规则，能够参与国际事务和国际竞争的国际化人才。

经历了长时间的探索、思考和实践，郑州中学明确提出了“培养世界的中国人”这一育人目标。

一、精准把握教育的核心价值，确立学校以人为本的主流价值文化

什么是教育？爱因斯坦说过：“教育就是当一个人忘记了在学校所学的一切东西之后还留下来的。”教育的落脚点是育人，其本质在于促进人的生长。卢梭有一个著名论断：教育即生长。此言精辟地道出了教育的本质，即教育应使每个人的天性和与生俱来的能力得到健康生长。

中国伟大的教育家孔子提出，教育是对人的成全，核心目的是教会学生对自然的认知和对人本身的认知，其“仁本礼用”的教育思想和教育文化，无一不是指向人的发展。

教育是对文化的传承。中国传统文化的精髓是天人合一，讲究仁、义、礼、智、信，其核心思想是和谐。中国著名哲学大师张岱年指出，中国文化的特征有四点：一是天人合一，二是以人为本，三是刚健自强，四是以和为贵。四个特征，“人”是中心。

当教育走进社会主义新时代，“以人为本”的教育内涵得到了极大丰富和发展。习近平总书记深刻指出，教育是提高人民综合素质、促进人的全面发展的重要途径。党的十八大明确提出要把立德树人作为教育的根本任务，全面实施素质教育，培养德智体美全面发展的社会主义建设者和接班人。

因此，这种指向“人”的文化必须也必然应该成为我们办学的核心价值追求。

今天的基础教育，往往是精于知识的记忆与再现，精于数理的逻辑推算，精于考试的研究与对策，却恰恰忽略了最重要的因素——人；人文的缺失、精神的荒芜成了当今基础教育的通病。

学校是文化创生之地，是精神传承之所，是生命滋养之根。从本质上看，教育追求也就是文化追求。一旦文化不在，教育也就缺失了灵魂。

什么样的文化土壤，滋养出什么样的生命。我们的教育就是要关注学生的生命成长，激发学生的生命活力与创造力，让学生感受到教育的美好、生

活的美好、生命的美好，为学生的终生幸福奠基。

基于这种认识和思考，郑州中学致力于构建学校先进文化，用文化找回教育的真谛，用文化找回教育的灵魂，用文化引领学校发展方向，用文化滋养师生生命成长。

努力构建学校“以人为本”的主流价值文化，是郑州中学给自己确立的办学定位和目标。

二、以文化为引领，探索形成学校的育人理念

如上所述，教育的魂魄是文化，文化铸成了教育的灵魂。教育如果有了灵魂，那么它必定引领受教育者追求无限广阔的精神空间，必定要求受教育者追求人类永恒的终极价值；**教育不只是关注受教育者在校期间的“成功”，而且关注走上社会后的发展；不只是关注受教育者知识和技能堆叠的高度，而且关注他们潜藏于灵魂深处的情感态度、意志品质涵养的高度。**

在长期的教育实践中，郑州中学的教育文化已形成了自己的特点，那就是：坚定“一个信念”，即坚定热爱社会主义祖国，树立社会主义核心价值观。发扬“两种精神”，即发扬创新精神和科学精神。培养“四种品性”，即事业心、适应性、坚韧性和协作性。确立“五自准则”，即确立自尊、自律、自觉、自强和自理人格品行准则。强化“五种意识”，一是“认知意识”，要积极地认识世界，培养了解世界发展和变化的态度和兴趣；二是“学习意识”，对一些自己感兴趣和有发展趋向的区域以及领域，进行不断的学习，通过资料搜集、信息加工，汲取有用的东西；三是“实践意识”，具有国际视野，不单是知识的学习过程，更是一个实践和体验的行为过程，站在国际化的角度来理解和解决问题，进行实践，加深国际化认同和理解，尤其是应用；四是“交流意识”，扩大国内国际交流，交流是一切学习和实践的最有效方式，也是最经济最直接的方式；五是“情怀意识”，培养自己具有国际情怀和人类共同关怀的意识，追求普遍的人类价值观，打破狭隘地域的思维，确立广阔的人类共同的思维品质和情感。

在这种教育文化的引领下，学校探索并形成了自己的教育理念，那就是：

摒弃单纯追求升学率的应试教育和行为，推行素质教育，实践多元智能理论，重视学生非智力因素的开发，关注学生的终身发展和幸福，关注每一个学生的成长，唤醒学生追求自我成长的生命意识，提供适合每一个学生智能特点及个性特长的教育方式，让每一个走进郑州中学的学生的才华都得以发现，让每一个学生的潜能都得以开发和发展，从而实现教育的创新，达到学生全面发展、教师专业发展与学校持续发展的三位一体的发展目标。

三、站在全球背景下审视教育，坚持探索教育国际化之路

培养什么样的人？这个问题决定了学校的办学方向和办学品质。郑州中学建校二十年来，始终坚持“面向现代化、面向世界、面向未来”，坚持全面发展的教育理念，积极适应教育国际化趋势，致力于把学校办成一所现代化国际化的新型学校。

全球化的时代呼唤高素质的人才。在知识经济日益显现的时代，国家综合实力的竞争，归根到底是人才的竞争。谁拥有数量多、素质高、具有创新精神和富于创新能力的人才，谁就能把握社会经济发展的主动权，在激烈的竞争中立于不败之地。全球化的时代的竞争需要培养大批具有国际视野的人才。这就要求我们的教育必须适应全球化时代的要求，大力推进教育国际化。

教育国际化要落实到国际化人才的培养上。要增强国家的国际竞争力，就需要大量有国际视野的国际化人才。这就要求我们把教育国际化放在重要的位置上，要关注学生国际意识和国际视野的培养、创造性和开放性思维的养成、语言能力和学习能力的提高、跨文化交流能力的增强，尊重学生的生成经验，发展学生个性特长。

国家明确指出了我国基础教育国际化的发展方向。《国家中长期教育改革和发展规划纲要（2010—2020年）》明确指出，我们要“加强国际交流与合作，坚持以开放促改革、促发展。开展多层次、宽领域的教育交流与合作，提高我国教育国际化水平。”强调推进教育国际化，对于我国实现教育现代化，进入人力资源强国行列，具有重要的战略意义。

教育国际化的核心或者本质，就是在经济全球化、贸易自由化的大背景下，

充分利用国内和国际两个教育市场，优化配置本国的教育资源和要素，培养出在国际上有竞争力的高素质的人才，为本国的最高利益服务。因此，教育国际化的最终目的是培养具有国际意识、国际交往能力、国际竞争能力的人才，这种人才能立足于本土，放眼于世界，积极主动地参与国际竞争。

基于这种认识，围绕建设现代化国际化新型学校的办学定位，郑州中学立足于民族文化，把视野投向国际前沿，引入国际教育的最新理念。在建校之初，郑州中学就以河南省唯一的中华营主办学校营造了中西方文化与教育融合的氛围。1999 年，郑州中学被国际文凭组织授权成为国际文凭世界学校，国际文凭中学项目的实施使郑州中学的教育思想和教育文化从一开始就拥有了世界眼光。

四、“培养世界的中国人”育人目标的提出及本质内涵

经过不断的探索、实践，结合建设现代化国际化新型学校这一办学目标，最终，我们提出了“培养世界的中国人”这一育人目标。

“世界的中国人”有如下内涵——

“世界的中国人”要有民族情怀，要有一颗“中国心”，对祖国有深深的依恋，对中华文化有真挚的热爱，拥护中国共产党，坚定社会主义信念，有着强烈的国家复兴的责任担当，要能把根留住。

“世界的中国人”要有国际视野，要有面向世界的多元文化意识和理性的批判精神，要有全面的知识基础和较强的创新实践能力，要能走向未来。

围绕这一育人目标，以中国特色社会主义建设对人才培养的要求为出发点，以社会主义核心价值观和中国中学生核心素养为内核，以党新时期的教育路线为方向，以为中华民族伟大复兴培养高素质人才为归宿，学校进一步丰富了“世界的中国人”的内涵。我们从民族根基、国际视野、身心健康、智慧卓越等四个方面提出人才规格和培养目标，并从十六个维度阐述“世界的中国人”的核心素养：爱国、担当、明理、仁爱；乐观、坚韧、强健、和谐；善学、创造、探究、实践；思考、包容、合作、领导（服务）。

为保障育人目标的落地和实施，郑州中学分别从“打造多元课程，夯实育人载体”“创新育人方式，关注生命成长”“创新评价方式，激发学生潜能”“开展国际化教育，拓宽学生国际视野”等多个方面进行了探索和实践。

立基点于本土，求视野于世界，在面向现代化、面向世界、面向未来的教育之路上，郑州中学以“培养世界的中国人”为己任，打造有灵魂的教育，并将继续探索前行。

王献甫 河南省实验小学党委书记、校长

河南省特级教师，河南省教育厅首批中小学幼儿园教师教育专家，河南省教育厅学术技术带头人，河南省教育厅优秀教育管理人才，河南省第七届省督学，河南省教育学会小学实验研究专业委员会理事长。

新时代学校办学指导思想的表达与初探

河南省实验小学是河南省教育厅直属的一所公办学校。建校六十年来，一代代实验小学人坚持社会主义办学方向，踏着时代节拍共同起舞，打造了一个与校名匹配的教育品牌——“省实验”，形成了独有的校园文化——“素质教育”，取得了辉煌的办学成绩——“多元化、多模式集团化发展的良好新局面”，为社会培养了大批人才，受到家长和社会的广泛赞誉，成为河南省基础教育（小学方阵）的实验园地和对外开放的窗口学校。

六十年的发展，河南省实验小学形成了特有的文化图腾——突出实验性：敢为人先；彰显示范性：勇于担当；展现开放性：自信豁达；涵养包容性：兼容并蓄。

新时代，新要求，新期许，当前的河南省实验小学，要在坚持高度的文化自信基础上，凝聚实验精神，培育时代新人，要自觉对标对表新时代党对教育工作的方针政策，在传承和发扬的基础上全面创新，做好河南省实验小学再出发这个新课题、谱写好河南省实验小学新发展的大文章。

一、"守正创新，行稳致远"办学思想的提出

一个国家、一个民族不能没有灵魂，教育是塑造灵魂的事业。为国家立心，为民族复兴铸魂育人是习近平总书记对教育事业的殷殷嘱托。在"不忘初心，牢记使命"主题教育中，学校聚焦立德树人根本任务，把"守正创新，行稳致远"凝练为学校的办学指导思想，构建为新时代话语体系下的河南省实验小学教育哲学。这一指导思想的内在逻辑是：在"守正"的基础上"创新"，在"行稳"的前提下"致远"。"守正创新"是手段，"行稳致远"是目标。

"守正创新，行稳致远"办学指导思想具有鲜明的实践性，其行动路径可从三个层面来讲：

一是用"守正创新"的思想构建学生在教育过程中的主体地位，塑造学生崇高的理想信念，培养学生面向未来社会的学习能力和创造能力，努力使实验学子通过六年的培育，在今后的人生征程中"行稳致远"。

二是用"守正创新"的思想引领教师在培养学生的过程中体现出自身生命的价值，把关爱学生健康成长与提升专业素养协同发展，成为卓越生长的教师，努力使河南省实验小学的教师在与学生相互照亮中"行稳致远"。

三是用"守正创新"的思想，谋划学校发展大计，构建现代学校治理体系，实现党建团建队建三位一体，相辅相成；依靠组织，相信群众，**画出最大同心圆，强化实验共同体意识，打造良好的教育生态，**努力使河南省实验小学这艘航船在新时代的发展浪潮中"行稳致远"。

二、"守正创新，行稳致远"办学思想的基本内涵

一是遵循教育规律，坚守正确办学方向。"守正"是恪守正道，是事业发展的根基。坚守正道求发展，牢记使命育新人。不管时代如何变迁，我校都高举素质教育大旗，着眼学生健康成长，为国家的发展和民族的未来育人，最关键、最核心、最本质的一点，就是牢记立德树人的初心和使命，坚守实验人崇高的教育理想。我们提出"走正道、承正气、扬正义、做正人"的"四正"理念。全面贯彻党的教育方针，坚持中国特色社会主义办学方向，扎根

中国大地办教育就是正道；凝聚实验精神，奋发有为，勇于担当，昂首阔步走上实验新征程，就是正气；携手薄弱地区学校协同发展、同频共振，彰显实验社会责任，发挥示范性和引领性，就是正义；全体党员、干部、教师在抗击疫情斗争中，与学生守望相助、心怀大爱，就是正人。

二是坚持改革创新，加快推进教育现代化。“创新”是思想源泉，是事业前进的动力。我们坚持以凝聚人心、完善人格、开发人力、培育人才为工作目标，推进“四大创新”，学校要从教育理念创新、教学模式创新、育人实践创新、治理能力创新方面深化教育教学改革，实现学校教育理念与时俱进地发展，展现河南省实验小学强大的生命力。创新教育理念，避免让急功近利扼杀了学生潜能，从片面注重考试成绩到关注学生如何立足未来社会，更关注学生所学的知识如何变成财富，做一个对家庭和社会有责任、有贡献的人，让学校教育从考试机器研究所变为创新人才的孵化器。

三、“守正创新，行稳致远”办学思想的特点

第一，所谓“守正”，就是要遵循教育发展规律，坚守建校六十年来，一代代实验人正道而行、弘扬正气，为民族复兴铸希望，为党和国家育栋梁的光荣传统；所谓“创新”，就是要始终保持“敢为天下先”的勇气和魄力，全面深化教育教学改革，始终挺立时代潮头。所谓“行稳致远”，就是要面向新时代，主动融入国家和社会发展的全局，突出固本强基和开拓创新的统一，积极推动学校各项事业的进步，实现高品质的稳健发展。

第二，我们认为学校必须坚持以立德树人为根本，为学生树立爱党爱国的理想抱负。教育要有清晰的价值观导向，明确学校要“为党育人，为国育才”，激励学生“从小立爱党报国志，长大做经天纬地人”，不断坚持和追求真理，勇于担当民族复兴大任。

第三，作为河南省教育厅直属的实验学校，我校坚持“用实践去检验教育的真谛”的实验精神，带头推进教育教学改革，不断深化教育理念、教学实践、育人载体的变革与创新，致力于培养能够引领未来发展的创新人才，努力为人类文明进步、国家发展和民族复兴做出贡献。

近年来，我校以“守正创新，行稳致远”为指导思想，以“固本强基抓质量、创新发展求卓越”为途径，在学校管理、学生成长、教师发展、课程建设等多个层面进行了实践探索。学校坚持“守正创新，行稳致远”的工作指导思想，全面推进学校现代化管理水平提升；坚持素质教育办学方向，倡导科学人文精神，全面提升学生的核心素养，促进学生的全面发展；坚持德育为先，致力于培育具有“身心健康、勇于担当、自信豁达、向善向上”特质的时代新人，为学生未来担当民族复兴大任打好底色；坚持科研立校，科研兴校，坚持“以人为本，卓越生长”的教师发展理念，为教师搭建广阔的发展平台。

四、“守正创新，行稳致远”办学思想的初步成效

“守正创新，行稳致远”办学指导思想实施以来，全面引领我校课程建设、学生成长、教师发展、教学改革等各方面工作，每一项工作开展前都要思考哪些是要恪守的正道，怎样能有创新的举措，“守正创新”成为实验人的思维常态，“行稳致远”成为实验人的共同愿景。

1. 党建引领，创设人文和谐的育人环境

一是校党委以“党建引领、支部带动、党员示范”为模式，把党小组建立在年级组，以党建促教学业务，以教学工作促党建，推进党政深度融合，产生化学反应，推动学校各项工作持续健康发展。二是重视校园文化建设，创设了经纬农场、人工智能中心、创客工厂、教师卓越发展中心，谋划建设党建团建队建一体化的先锋学院，为师生营造崇德向善、和谐发展、不断求索的生态环境。

2. 立德树人，学生得到健康茁壮成长

着重培养学生的家国情怀和担当精神，使学生更加爱党爱国、爱家爱校、爱劳动、爱创新，让“身心健康、勇于担当、自信豁达、向善向上”成为实验学子的特质。关注学生未来发展，让学生的创新精神和创造能力得以培养和张扬。

学校管乐团、趣味田径、程序设计、积木机器人、漫画心语、舞动童年等数十项特色社团蓬勃发展，为学生综合素质的提升奠定了基础。素质教育

硕果累累，在各级各类比赛中，成绩优异。

3. 爱岗敬业，教师得以卓越发展

教师在育人过程中以身示范、向美而行，讲爱心、讲学习、讲科研、讲合作，追求卓越发展。在与南阳市镇平县黑虎庙小学协作共建活动中，教师与时代楷模张玉滚同行，自觉增强教书育人的荣誉感和责任感，用爱心润泽学生心田，建立了和谐的师生关系。在学校的问卷调查中，“喜欢老师”的占 92.75%；“被老师尊重”的占 94.81%；“喜欢与老师交流”的占 87.46%；“经常被老师表扬”的占 61.77%，教师的教育教学行为更为科学规范。

学校坚持科研兴校，老师们积极在教育教学改革中探索和创新，坚持用追求卓越引领专业成长，照亮自己的蝶变之路。本年度，我校结项省级课题 14 项，立项省级课题 10 项，获省级成果奖 7 项，市级成果奖 4 项，在各级各类刊物发表论文二十多篇，多篇论文获奖。

当然，我们的思考和探索还是初步的，还要在实践中接受检验。我们将不断丰富发展“守正创新，行稳致远”的办学指导思想，秉持“崇德向善，启智励行”的教育理念，激励学生“立爱党报国志，做经天纬地人”，为学生未来担当民族复兴大任打好底色。

杜伟强 许昌实验小学党委书记、总校长

中学高级教师，国家级骨干教师，享受国务院政府特殊津贴，河南省劳动模范，教育部中小学名校长领航班学员，中国教育学会小学教育专业委员会学术委员会副主任，中国人生科学学会县区教育专业委员会常务副理事长，河南省教育学会小学实验研究专业委员会常务副理事长。

适合教育的理论与实践探索

人既是教育的对象，也是教育的起点和最终目的，因而，认识人是认识教育和办学的起点，也是教育获得成功的关键。多年来，学校围绕“适合教育”的办学理念，在适合教育的理论与实践方面进行了一些探索，并取得了积极进展。

一、适合教育思想的来源

早在两千五百多年前，孔子就提出了“有教无类”和“因材施教”的思想。朱熹也指出：“人性皆善，而其类有善恶之殊者，气习之染也。故君子有教，则人皆可以复于善，而不当复论其类之恶也。”因此，适合教育是我国儒家教育思想的精髓，也是中国传统教育思想的一个重要组成部分。

同样，在西方世界中，人的差异性也很早被关注到。古希腊有一句名言：“世界上没有完全相同的两片树叶”，也就是承认世界万物的多样性和差异性。柏拉图在他的经典著作《理想国》中把理想国中的人分为三个阶层，即劳动者（普通人）、军人和哲学王。他认为这三种人禀赋不同，与此对应应该有三种不同的教育。

法国启蒙思想家卢梭的自然教育思想也是适合教育思想的一个重要理论来源。卢梭提出了“自然教育思想”，强调教育首先要顺应自然。正如他在《爱弥儿》中开篇所说，“如果你想永远按照正确的方向前进，你就要始终遵循大自然的指引”，而“真正自由的人，只想他能够得到的东西，只做他喜欢做的事情，这就是我的第一基本原理。只要把这个原理应用于儿童，就可源源得出各种教育原理”。

20世纪80年代，哈佛大学教授霍华德·加德纳博士指出，人类的智能是多元化而非单一的，每个人都拥有不同的智能优势组合。不同的智力组合决定了每个人后天能力的差异。

北京师范大学教授林崇德先生通过多年的研究，提出了具有中国特色的三棱智力结构模型。认为人的智力差异根本原因在于其思维结构的差异，而思维结构是由思维的目的、过程、材料、品质、自我监控、非认知因素等六种因素组成。这一理论展示了思维乃至智力结构的多元性。

由此可见，我国传统教育思想精华和西方教育智慧，以及现代中外关于人的智力结构和差异性研究的最新成果，为适合教育思想提供了最为恰当的理论解释。同时，也吸收了课程改革以来一系列现代教育教学研究成果，这些都为适合教育思想贡献了丰富智慧。

20世纪80年代末以来，我国针对应试教育在教育实践中出现的问题，提出了在中小学全面推行素质教育的政策理念和政策设计，为中小学教育教学改革指明了方向，也掀起了新一轮国家基础教育课程改革的浪潮。

《国家中长期教育改革和发展规划纲要（2010—2020年）》（以下简称《纲要》）提出：“要以学生为主体，以教师为主导，充分发挥学生的主动性，把促进学生健康成长作为学校一切工作的出发点和落脚点。关心每个学生，促进每个学生主动地、生动活泼地发展，尊重教育规律和学生身心发展规律，为每个学生提供适合的教育。”

“适合教育”正是为了更好地贯彻和落实《纲要》精神而探索出的一条独特的办学思路和办学模式，体现了适合教育思想的前瞻性、科学性和实践性。

二、适合：适应、适度、符合规律

适合教育思想的精髓是“适合”。“适”是“适应”“适度”的意思，“合”有合规律性的意思。因此，“适合教育”在内涵上可以做以下三重解读。

1. 适应社会需求

教育的根本任务就是培养社会主义建设者和接班人。“适合教育”思想的前提首先就是把握社会变化对教育提出的新任务、新目标，使学校教育无论在办学理念上，还是在具体的管理措施和教学方式方法上都要符合社会发展趋势，面向未来培养人才。其次，是根据学校实际，适应区域内人民群众的教育需求，办人民满意的教育。

2. 适应人的成长规律

教育的对象是人，人的发展是衡量一所学校办学质量高低的根本标准。所以，适合教育的第二层含义就是要把“人”作为学校所有工作的起点和核心。适合教育要求所有教师首先必须了解和掌握人的成长规律，要熟悉不同年龄阶段学生的发展特点，学校所有的管理和教育教学活动都不能违背人的发展规律，坚持循序渐进，水到渠成。

3. 适应学生特点和需要

学校教育要真正为所有学生发展服务，就要使教育教学过程适应学生特点，满足学生需要，不追求最优，适合就是最好的。根据学生特点因材施教，促进学生主动、多元发展和个性发展是适合教育思想的核心。

三、适合教育下办学追求“五个发展”

《中共中央 国务院关于深化教育教学改革全面提高义务教育质量的意见》指出：“树立科学的教育质量观，深化改革，构建德智体美劳全面培养的教育体系……坚持德育为先，教育引导学生爱党爱国爱人民爱社会主义；坚持全面发展，为学生终身发展奠基；坚持面向全体，办好每所学校、教好每名学生；坚持知行合一，让学生成为生活和学习的主人。”这不仅是我国未来教育改革和发展的基本方针，也是适合教育思想的政策基础和实践指南，为此，适合教育将学校办学所追求的目标确定为以下几个方面。

1. 多元和公平发展

适合教育坚持的是一种全体教育观，强调学校办学面向全体学生，根据学生智力水平、兴趣爱好差异区别对待，为每一个学生提供最适合的教育。正如中国教育学会名誉会长顾明远教授给许昌实验小学的题词：“给每一个孩子提供最适合的教育，促进他们生动、活泼、主动地发展”。

2. 自由和自主发展

“教是为了不教”，这是适合教育要达到的一种境界。学校无论在管理中还是在教育教学活动中都要树立学生主体地位，鼓励教师改变教育教学方式，还课堂于学生。尊重学生权利，鼓励学生独立思考和合作探究，促进学生自由和自主发展。

3. 个性和全面发展

适合教育是素质教育的一种实践模式，又兼顾学生的素质差异，按照学生特点来不断对教学过程和活动进行个性化设计，使每一个孩子都能感受到关注和爱，使每一个学生的个性和特长都能够得到最大程度的发展，实现个性发展和全面发展的统一。

4. 科学和高效发展

适合教育的要义之一是科学发展，强调学校发展与社会发展的协调，追求学校各方面工作的协调，追求课内课外的协调，追求学生身心发展的协调。要实现这几个方面的协调，学校管理和教育教学必须从直觉和经验走向自觉和科学，不断提高学校管理水平和教育教学效率，使学校在现有资源状态下，发挥最大的办学效益。

5. 创新和特色发展

学校工作具有高度的情境性、复杂性，决定了办学过程本身就是一个不断创新的过程，必须在继承历史和学习他人办学经验的基础上，系统和科学分析自身特点和学校当下面临的特殊问题，找到一条与众不同的出路。所以，适合教育思想提倡科学创新，提倡大胆实验，追求特色发展。

四、创造适合学生发展的教育服务

适合教育不仅是一个系统的办学思想体系，更是一套科学有效的实践策略，学校在办学理念、管理制度、环境布置、课程设置、教学组织、活动设计、教学评价等方面都体现和落实了适合教育的办学理念，使“适合教育”成为学校的文化特色与核心价值。

学校的办学理念是“创造适合学生发展的教育服务”。学校的办学理念是学校的核心价值观，体现了师生共同的价值追求，对学校发展发挥着重要的引领作用。因此，在办学理念的引领下，学校的校训是做真人，办实事；办学目标是努力创建绿色、书香、人文、智能校园；育人目标是培养气质儒雅、学有兴趣、身心健康、勇于担当的社会主义小公民；教风是顺应天性，取法自然；学风是明理、笃志、勤学、求异。

学校坚持“五走进”管理策略：学校管理要走进教师，学生管理要走进学生，教学工作要走进课堂，教育科研要走进课程，“三结合”教育要走进社区。

为了充分体现适合教育的办学思想，学校在校园文化环境建设上系统规划，科学实施，努力把学校建设成图书馆、师生成长书院、教育博物馆。同时，秉持“打开学校、解放教师、发展学生”和“做好自己、影响别人、造福社会”的坚守，积极组建以教师为主体，吸纳专家、学者、名师广泛参与的学校自组织，让全体教师“组织起来、活动起来、研究起来”，真正把学校建设成为师生快乐成长的家园。

适合教育强调立德树人，全面发展。第一，德育工作渗透在学校工作的全过程，倡导“学校无小事、学校无闲时、学校无闲人、教师无小节”的育人氛围。第二，充分发挥课程德育的主体作用，强调教学的教育性。第三，把习惯养成教育作为德育工作的重要抓手，培养学生知荣明耻的良好道德品质和文明行为，积极开展各种德育活动。

课程是学校教育教学活动的重要途径，也是落实办学理念的重要载体。为此，学校依据课标，整合国家课程，择善使用地方课程，开发校本课程，初步形成了“三级课程”体系。与此同时，学校在总结课改经验教训的基础上，积极构建“主体多元·合作探究”的课堂教学，促进学生多元主动发展。

适合教育中的“人”首先是学生，学校管理秉承为学生服务的思想，尊重每个学生的个性和身心发展差异，赋予每个人相应的机会，采用多元方式评价学生的行为表现。

同时，适合教育要达到为学生服务的目的，需要调动教师的工作积极性，把教师放在学校管理的突出位置，关心和尊重每一位教师，让教师体会到当家做主人的快乐和成就，把学校作为自己的精神家园。学校尊重教师的专业自主和教学自由，努力为教师创造一个充满人文关怀的环境。

适合教育是我们的实践指南，也是学校每一位教师心中的教育理想。怀揣这种梦想，我们将一路前行，创造适合教育的崭新篇章。

李青青 洛阳市实验小学党委书记、校长

中小学高级教师，中原名师，河南省特级教师，河南省教育厅优秀教育管理人才，河南省中小学幼儿园教师教育专家，河南省学术技术带头人，河南省五一劳动奖章获得者。

办一所实现人的全面发展的学校

校长办学，追求的是学校社会价值的体现与引领。一所学校，能够实现人的全面发展，从而去推动社会的进步，是教育的终极目标。一所学校，能够践行立德树人，培养德智体美劳全面发展的社会主义事业的建设者和接班人，是学校的职责。

一、思考：什么是学校？什么是人的全面发展？什么是学习？

1. 什么是学校？

教育家陶行知说，“生活即教育，社会即学校。”学校到底是什么？学校是孩子走上社会之前的社会。学校不能够只围绕教材去教，还要让孩子学习体验社会。因为，学校里的学习，是为了孩子未来进入社会的准备。

在小学里，满眼全是六岁到十二岁的儿童，而这个时期恰好是他们身心发展最迅速的时期，学校该给孩子提供怎样的环境、怎样的课程、怎样的教育，才能让孩子学到面向未来的本领？学校应该是一个能够让孩子认识社会，懂得奉献社会，并且拥有实现自我价值能力的地方。

孩子做错了，这样的错误和冲突是再平常不过的事情，因为学习正是在这样的冲突中产生的，学校和教师要接受这种错误，无论是在课堂上还是校园里，没有体验就不可能成长，每种体验都对一个人的成长有价值。因为有了学校里的各种尝试和参与后的体验，孩子才会有新的成长，教育所要倡导的未来社会的模样，就是让孩子们在学校里得到体验和成长，从而成为推崇这种先进文化的样本。

认知的完整和实践能力的达成完全是两回事。儿童只有自己实践尝试后得到的体验才是真的成长。**体验实践是学习的重要一步，不可省略。成人和书本的体验认知经验永远代替不了孩子的认知和实践。学校是一个允许出错的地方，尝试、试错、改进、再实践，这就是学校。**基础教育，需要为一个人在成年之前提供全部社会生活的体验，为孩子的人生奠定基础。

2. 什么是人的全面发展？

校长办学，是基于人的全面发展的目标理念与学校现实情境相结合的实践过程。人的全面发展，本质上是人的学习认知到实践能力的完整发展。

成人总想让孩子走捷径，恨不得“越俎代庖”，而事实上孩子自己的路必须自己走，必须自己实践，自己体悟，自己成长，包括成功的体验与失败的挫折都是一种必经的学习发展过程。

人的全面发展，首先是道德水平的发展，乐观自信，勇敢独立，思想自由，人格健全，而这些需要在智育、体育、美育和劳育当中去获得。作为教育者，无论是从哪一个“育”开始的“教育”，其实最终都会走向全面发展，因为，从来没有机械割裂的学习内容，发展本身就是人的本质的自由发展。

3. 什么是学习？

学习是一种体验，生活是一种体验，人生本身就是一种体验。有活动才能够有体验、有感悟、有成长发展。没有直接参与实践的经验就没有理性思考获得的间接经验，就不可能有成长发展。

基于活动中的学生成长，一个孩子全面发展所需要的综合素质的体验，都来自生活，来自成人给予孩子提供的学习环境和场所，来自给孩子提供的教育方式和活动方式，来自对儿童认知规律的遵循和个体尊重。

学校的赵万方老师用一个暑假的时间，依靠电脑技术，自制了一件钢铁侠服饰，当装扮成钢铁侠的赵老师出现在校园达人秀舞台上时，引起了孩子们兴奋的尖叫声，赵老师成为孩子们追捧的偶像，激发起孩子们的学习兴趣和求知欲。

二、定位：体验教育是否真正触及教育的内核本质

“在体验中快乐成长”的核心办学理念，注重“体验”和“成长”的教育过程，把“体验”当作一种追求“成长”的方法，既是对教育过程的一种认真的态度，也是对追求教育价值的一种精神。从理论上讲，“体验”注重学习主体内心的感受，自我认知促进自我改变的成长，是教育内驱力迸发的根本。而从实践上讲，体验教育需要从学习过程的研究开始，去研究其中学生的学习和教师的教学，从而更好地达到体验成长快乐的目的。

当教育不仅仅追求结果，而是通过追求过程的完美而等待结果的完美；当教育不仅仅追求成绩，而是通过追求学生核心素养的提升而得到良好的成绩；当课堂不仅仅是教师的“教”，更多的是学生的表达与质疑、交流与分享；当教材不仅仅是那本书，而是整个世界和身边的生活……学习一定是最令人心动的体验之旅。

学校有责任呈现学习的真实，因为今天的社会和过去不同，今天的教育和昨天不同，今天的体验和以往不同。真实的教育一定是基于学生全面发展，更加关注人的成长，注重学生参与和实践，从而学会生活，并对今后生活建立一种态度。

学校有责任以开放的心态办教育，给学生提供更多更贴近生活的实践机会。让学习进入工厂、田间、博物馆，在真实的环境中去获取信息，在快乐的体验中获得成长。

学校有责任保障在课堂教学上学生的实践参与，在情景中质疑，在探究中分享，获得直接体验。还要满足学生获得丰富体验的需要，实验室、创客，机器人、手工航模课程、陶艺课程，开设更多的发展身体与思维能力的德育、智育、体育、美育、劳育体验的丰富课程形式。开展多种主题的节日活动，

健全学生自主管理组织，给学生角色模拟体验的锻炼，让孩子学会自主管理，学会解决实际问题，创造成长的故事。

学习是以学生的“学”为中心，通过一个个具有挑战性和有意义的任务执行，促使学生反复质询和实证，并在此经历体验中达到人的核心素养的完整形成。

三、梳理：寻找全面发展的育人之路，我们历经了什么

顾明远先生有四句箴言：“没有爱就没有教育，没有兴趣就没有学习；教书育人在细微处，学生成长在活动中。”洛阳市实验小学秉承“在体验中快乐成长”的办学理念，基于人的发展，认真研究人的发展规律，促进人的发展，研究人必备核心素养的具体内容，构建办学体系，研究学校教育的核心与本质，梳理教育要素之间的逻辑关系。

围绕人的全面发展，以课堂教学为主要阵地的学校办学空间，课外活动、校本课程的研发、学校对于家庭教育的指导，以及对家本课程的引导与影响，都是构建办学体系的主要内容。就像一个以“人的发展”为圆心的多个同心圆的累加，从课堂到课外，再到校外，逐级形成办学行为体系。

学习是终身的，发展是自由的，“学习在窗外，他人即教师，世界是教材”的学习变革时代已经在眼前，当那些教材以外的教育资源来到眼前，我们要做的不是掩耳盗铃般的视而不见，而是主动地“寻找”与“迎接”。

四、追问：我们面临的挑战

首先挑战来自学习本身。教材以外的学习内容犹如窗外的世界，我们需要在校园的墙壁上凿开一个“墙洞”。也就是说，项目学习首先要给学生创设学习情境，允许学生自主学习，给学生充分的时间和执行任务完成任务的条件。而这样的自主学习方式本身就是一项挑战，教师需要鼓励学生，激发他们的兴趣。

第二个挑战是来自技术的挑战。网络查找，引擎搜索，有效信息的分类整理，包括对获得信息的数字化分析等，这是一个人工智能和物联网的时代，

各种新技术层出不穷，教师该如何应对？家校通、微信群已经把家长全方位地捆绑到学校教育当中，同时家校的边界也变得交互性更强，这些渠道和途径，教师该如何使用？

教育要面向社会人才需求，必将是真实的教育。学校教育要去伪存真，围绕人的全面发展，加快新时代教育方式的变革，把教育改革和办学创新落实在行动上。

一节课堂，终究会飞出四方的教室；一所学校，终究会超越目所能及的一草一木；一个孩子，学习终究会成为他一辈子的生活态度……

李慧军 濮阳市第二实验小学校长

享受国务院政府特殊津贴，全国先进工作者，全国教育系统劳动模范，全国巾帼建功标兵，河南省中小学名校长，正高级教师，特级教师。获得基础教育国家级教学成果二等奖。

定好位，学校优质发展的重中之重

“办什么样的学校？培养什么样的人？为谁培养人？”对教育这一系列问题的思考，是校长办学首先要面对的关键问题。就像世界上没有完全相同的两片树叶一样，学校也有各自的不同，加上校长自身的认知与学识各异，这就产生了不同的办学思路，不同思路的校长又必须办出同样优质的学校，于是，校长能否对学校的发展找准定位就成为重中之重。

一般来讲，要定好位，必须结合学校实际，找出影响学校发展的关键问题，针对问题的解决找到引领学校发展的突破口。2007 年我在濮阳市实验小学任校长时，在结合学校实际和基础教育现状进行深入思考的基础上提出了“适度教育”，从此找到了引领学校科学发展的“牛鼻子”。那么，究竟适度教育是在怎样的思考中产生，后来又是怎样落户异地再逐步升级，成为有一定影响的重要理念呢？本文试图从三个方面，来阐述校长的思想定位对于学校发展的重要性。

一、找到关键问题方能准确定位

为学校发展定位，必须基于学校实际，找准现存问题，在致力于思考如何解决的基础上，提出解决问题的理念、思路和办法。

2007年纵观整个基础教育领域，普遍存在着“教育过度”“教育不及”“教育错位”三大问题，教育的过度现象尤为普遍，学校过度的考试评价，家长对孩子过高的期望，教师对学生过分的要求，孩子过少的自主时间、过小的自主空间等，一言以蔽之，凡是跟考试有关的教育我们都做过度了，跟考试无关却跟孩子的未来发展和终生幸福有关的教育，我们都做得不及。至于教育的“错位”也很普遍，思想引领的错位、教育评价的错位、管理方法的错位、价值观培养的错位等。众所周知，社会主义核心价值观在公民层面是“爱国、敬业、诚信、友善”，要形成这样的核心价值观，教育必须往这方面着力，营造相应的教育氛围。然而社会现实是，负能量信息满天飞，使得孩子真伪难辨，不晓得什么是假丑恶什么是真善美。在学校一些教师为了获得好评，不惜教学生弄虚作假，导致学生价值观错乱，以至于弄虚作假不以为耻反以为荣。在家庭，有的妈妈由于道德情操素养没跟上，不孝不悌、不敬不爱，导致培养出的孩子不懂感恩缺乏教养等，这些看似跟学生没有直接关系的事情，都在深深影响着教育，影响着一代又一代孩子的身心健康，影响着未来建设者和接班人的质量。

那么，作为学校又该从何入手，来纠正这些普遍困扰教育的重大问题，使学校这片净土创造出不以牺牲人的生命健康为代价的绿色教育“GDP”呢？于是饱含一种情怀、一种责任和担当的“适度教育”就诞生了。从此，“适度教育”不仅成为学校发展的定海神针，似乎也为教育找到了一把科学的“尺子”，它在时刻引领着广大教育人在跟几乎成为社会主流的问题较真，在掰手腕，从而在不断地抑制过度的教育、提升不及的教育、调整错位的教育的过程中，积极倡导和推进绿色科学的以发展人培养人为目的的教育。

二、配备精神土壤奠基梅开二度

在一所学校诞生并产生一定影响的办学理念，究竟能否被移植被复制，这是广大同行较为困惑的话题，经实践得知：可移植但不能复制。**可移植的是理念，不能复制的是围绕理念派生的实践体系，实践体系的构建必须因“校”制宜。**

2012 年 8 月，我调入濮阳市第二实验小学任校长，面对新环境下的一系列问题比如学校的队伍、思想、制度、课堂、课程、文化、环境等，需要重新梳理后开启新局面，因此并没有在第一时间引入适度教育，而是首先致力于打造团队凝聚力，精心配置精神土壤，为下一步的成功移植奠定思想基础。

“人生最重是精神”，一个团队一所学校亦如此。通过一次次专题引领和一系列活动的深入开展，老师们渐渐被唤醒，心开始往一起凝聚，他们人人干劲十足，个个摩拳擦掌、跃跃欲试，这应该是植入适度教育所需要的精神温度。

一个学期过后，2013 年寒假假期培训，我做了题为《让适度教育引领学校科学发展》的专场报告，从适度教育理念的提出、内涵和已有的精彩实践，讲到结合我校实际，再提出“实施适度教育，让每一个生命幸福成长”的核心办学理念，一下子为全校老师打开了一扇窗，让大家看到了异样美丽的教育风景。

接下来的生动实践真的是如火如荼势如破竹。老师们人人满怀工作激情，人人岗位建功，争做最好的自己。五年下来，就从开始时的市级文明单位跨入首批全国文明校园行列，让广大教师充分体会到了幸福感、自豪感和获得感。

三、不断提档升级增强发展实力

适度教育理念不仅可以移植，还可以不断升级。随着时代发展和社会进步，党和国家对教育的要求也越来越高，义务教育所承担的责任和义务也越来越重，判断教育是否适度的标准也在不断发生变化，相应的适度教育理念系统、目标系统和操作系统，也要跟进升级，方能一步步增强发展实力。

1. 从 1.0 到 2.0

从适度教育落户濮阳市第二实验小学那天起，适度教育 1.0 版本就逐步拉开序幕铺开实施，在实施过程中，我们结合本校实际，找出存在于制度、课堂、德育、课程、文化、环境、队伍等方面的“过度”“不及”与“错位”问题，进行重新梳理与建构，提出了“实施适度教育让每一个生命幸福成长”的核心办学理念，确立了办学目标和培养目标。目标确定后不断从队伍、思想、德育、管理、课堂、课程、制度、文化、环境等方面进行对照，进而要么抑制、要么提升、要么调整，掀起了适度教育建设新高潮。

到 2016 年，我们成功构建出“思想引领、评价导航、科研管理、绿色质量、公民德育、有效课堂、文化润泽、全人成长”的适度教育育人系统，学校发展成效得到社会各界普遍认可。为引领学校持续向前，根据《国家中长期教育改革和发展规划纲要（2010—2020 年）》总要求，我们便又提出“建生态六园，育儒雅公民，促全面发展”的新目标。在“文明校园、书香学园、健康乐园、创新艺园、绿色花园、幸福家园”六园建设过程中，一批专家型有思想有成就的老师已经长成，有效课堂开始向“优效”课堂转轨，开始构建四维课程体系，建立课程开发和三维质量评价机制等，这就开始跨入适度教育 2.0 阶段。

2. 从 2.0 到 3.0

在 2018 年召开的全国教育大会上，习近平总书记强调要坚持立德树人，加强学校思想政治工作，推进教育改革。

为此，我们第一时间开始梳理现有办学系统：实施适度教育多年，当下的做法是否符合要求呢？怎样才适度呢？朦胧中我们似乎感觉到判断教育是否“适度”一下子有了一把更有高度的新标尺，那就是“立德树人”，在学校各领域各环节都要从“立德树人”的角度出发开展工作，为此，我们提出实施“立德树人 +”工程，从组织架构、课程建设、课堂改革、管理服务、质量评价与家庭教育等方面都做出具体规划，全方位开启适度教育 3.0 新模式。3.0 版本的适度教育实践系统可概括为两个转型、六个打破、四个特点、“八化”新样态。

“两个转型”，即从教育“丛林”向教育“森林”的样态转型；从点状突破向整体改变转型。“六个打破”，一是打破校园物理边界，敞开大门，开放办学，实现多方合作，建立适度教育联盟；二是打破组织与能力边界，强调管理者的主动沟通主动融合、团队互助和优势互补；三是打破教育资源的边界，广泛开发社会教育资源，引进专业教师开设社团课程，弥补学校师资不足；四是打破教师专业的边界，鼓励老师开发自身潜能，人人开发课程，弥补课程资源不足，力促全人成长；五是打破学科专业边界，成立融合课程研发中心，进行融合课程开发与研究，实现多学科融合，最大限度实现资源统整；六是打破德育工作边界，3.0 时期的德育工作是全员全程全方位部署落实的，完全打破了“德育是班主任的事，是德育主任的事”这种思想囹圄。“四个特点”：工作目标更高清、组织架构更优效、团队组织无边界、更具文化温润度。“八化”新样态：适度教育 3.0，对整体办学系统进行了全方位提档升级，实现了育人中心化、德育课程化、课程立体化、课堂素养化、管理自动化、服务人本化、校园生态化、评价四维化，产生了校园活动丰富多彩，师生生命状态积极阳光、进取向上的新样态。

适度教育发展到 3.0 阶段，已经成为一个较为完整成熟的办学系统，该系统围绕立德树人，确立高清的办学目标和育人目标，并以此为引领，以实现学校整体提档和转型升级为价值追求，更加符合规律，更加优质优效，学校已经连续两年在全市中小学教学质量千分量化考核中荣获冠军，在家长评教工作中连续五年 100% 教师得到 100% 家长满意率。

总之，校长要真正为学校发展定好位，并能审时度势，结合发展实际，不断提档升级，做出调整，这是办好学校、让学校可持续发展的重中之重。

构建

——形成学校发展的体系

卫　强　济源市沁园中学校长

2018河南年度教育新闻人物，河南省教育厅优秀教育管理人才，河南省中小学名校长培育工程第六批培育对象，第二届河南最具影响力校长。

“沁”教育：筑就生命幸福成长的沁之梦

沁园中学始建于1982年，原校名是济源县东留村初中，随着济源城市化进程推进和行政区划调整，学校先后更名为轵城镇二中、双桥一中，2008年确定为济源市沁园中学，2009年异地新建，由原来的12轨制初中变成了26轨制的现代化市直初级中学。

规模的扩大并不足以支撑学校的长足发展，必须找寻强有力的后盾，才能实现学校从量到质的突变，2009年迁入新校址后，学校结合自身发展实际，向内寻求，深挖细究，提炼出了能够促进师生生命成长、着力培育时代新人、筑梦强校的“沁”教育、“沁”文化，确立了“一轴双核三基四点”发展新路径。

一、围绕文化主轴，构建筑梦强校的精神支柱

学校要发展，没有思想引领不行；教师要发展，没有专业素养不行；学生要形成持续发展的动力，没有个性与特长不行。**一所学校要想搭上持续健康发展的快车，其动力来自全员共同的信念与价值取向，要有自己的办学理念与教育理想，需要精心蓄积文化底蕴，培育校园精神底气。**

那么什么样的理念才能引领沁中人矢志不渝为之奋斗不息？经过深入调研并梳理学校发展历程，结合学校现状，我们认识到，教育需要以人为本，遵循教育内在的规律，尊重生命自然成长的性态，不要浮躁、不要功利，慢慢地、静静地、潜移默化地做，要坚持德育为首、育人为本，把立德树人的根本任务贯彻到教育教学的全过程。

校名中的“沁”字，顺水从心，形为渗透之水，意为需要不断潜移默化、渗透沁润，这正是对教育的精辟解释和精准概述。我们心目中的“沁”教育，就是对待学生的成长，要遵循教育内在的规律，尊重生命自然生长的性态，提倡日常生活式教育，提倡和风细雨般润物细无声的教育。

教育首先是一种成长的教育，应当是为孩子们的一生负责任的教育；其次，教育要尊重学生主体，遵循教育规律，3年为孩子30年的幸福人生奠基；再次，教育要聚焦学生核心素养，因材施教，实施多元发展；最后，教育要让学生养成善于学习的方法、习惯和品质，并受用终身。

经过不断的挖掘凝练，我们于2016年确立了“沁德润智，为幸福人生奠基”的办学理念，“没有学不好的学生”的育人理念，以及“办学生开心、教师安心、社会放心的幸福沁园”的办学目标，形成了“静待花开，用心守候别样精彩”的“沁”文化主题和“敢为人先，追求卓越”的“沁”文化精神，构建了环境文化、精神文化、制度文化、行为文化等校园文化建设体系，精心打造了“沁”文化主题景观。

二、点燃双核引擎，激活筑梦强校的发展动能

“没有学不好的学生”是我校的育人理念，旨在注重个性差异、落实全面发展，充分激发学生学的潜能，培养学生学的自信。为此，我们经过不断探索，构建了覆盖沁德、沁智、沁心、沁能四大领域的“沁”课程体系，以及“设问、研问、解问、疑问、习问、质问”为主要环节的六问润智“沁”课堂模式。

1. 沁之德，唱响立德树人好声音

学校把文明礼仪课程和节点活动课程作为沁德课程的着力点，开发了文

明礼仪校本课程，开设了文明素养讲座、道德讲堂，开展了“好习惯成就大人生”“内外兼修，以美养德”“八礼四仪”等主题教育活动，举行了内涵丰富的青春礼，开办了离校课程、研学旅行课程，实现了文化教育向素质教育的转变。在新冠肺炎疫情防控期间，学校把万众一心抗击疫情所形成的生动教材和伟大实践，融入“沁德”课程，开设了“不负韶华，静待花开”云端道德讲堂，举办了“致敬战疫英雄，涵养家国情怀”线上清明诗会。

2. 沁之智，焕发教育发展新动力

学校不断整合教学内容、创新教学方式、调整教学时间，促使各学科制订了适合自己学科的课程建设实施方案，编写了学科《课程纲要》，数学学科整理出了概念课、运算课、推理课、复习课四种课型的教学模式；英语学科推出了听说课、语法课、阅读课和写作课四种课型；地理学科探索出了地图化教学模式；物理学科开设了“家庭物理实验”探究课程；语文学科开发了“海量阅读课程”，确立了导读课、赏析课、方法课、展示课等四种课型。

另外，学校以课程建设为载体，依据“课堂无形，润物有声”和“学习是以问题解决为导向的复杂的思维和互动过程”的原则，以“问学润智，内化于心”为核心，构建了“设问导入、研问探究、解问展示、疑问解惑、习问反馈、质问升华”为主要环节的“沁”课堂教学改革。“沁”课堂通过独立自学、师徒帮扶、组内分享、班级释疑等形式，培养了学生的思维能力、合作能力和语言表达能力；通过让学生经历发现问题、提出问题、分析问题、解决问题，同学之间的相互质疑、追问，培养了学生的归纳提炼能力和思维拓展能力。

3. 沁之能，让每个学生自由生长

在“沁能”课程方面，学校精心设置了“菜单式”社团课程，制订了融课程设置内容、实施形式、活动载体、管理细则、考评办法等为主要内容的《沁园中学社团课程建设指导性意见》，开设了涵盖体育、艺术、科技三大门类，包括创客教育、木工机床、舞蹈、足球、书画等四十多门课程，以“走班选课”的形式在每周二、周四下午第四节全面开展，同时把创客教育、足球课程列入课程表，每两周上一节，实现了社团课程计划管理科学有序、组织管理规范有序、制度管理高效有序。

4. 沁之心，让学生心灵获得成长

学校围绕学会交往、学会自立、学会适应、学会自信、学会自律、学会感恩、学会规划、学会自强“八个模块”内容，完成了七年级“心启航”、八年级“心成长”、九年级“心绽放”课程体系建设，将原有的心理健康课“一课”变为“三课”，即双周一节的“情感体验课”、每月一次的“拓展训练课”和每月一堂的“教练技术课”，实现了心理健康课程校本化。学校还组建了心航剧社，成员们自编自导自演了十几部心理剧，针对师生在学习生活中的困惑与问题，建立了团体沙盘工作坊，利用新媒体开设了“心灵之约”互动平台，开展了有针对性的团辅和个辅，举办了“塑造美好心灵，构建和谐沁中”心理健康教育运动会、“健康成长，心理护航”美心节，有效地促进了师生良好心理品格的形成。

三、奠定三大基石，达到筑梦强校的新高度

我们在“沁”教育理念的统领下，持续聚焦“书香校园、智慧校园、文明校园、幸福校园”四个有力支撑点，实施了“奠基筑梦”的管理优化工程。

1. 立心铸魂，实施“一关爱两提升”沁师工程

关爱教师身心健康。为增强广大教师的爱心、耐心和细心，落实学生开心、教师安心、社会放心的幸福沁园的办学目标，我们从为教师送温暖、送健康、送快乐着手，持续实施惠师幸福工程，每年为教师进行健康体检；建立了设施配备齐全的康复室，专门聘请康复治疗师，坚持为颈、肩、背、腰不适的老师治疗；每学期举行教师阳光户外活动及教师趣味运动会、心理健康运动会，定期邀请心理健康专家举办心理辅导讲座。

提升师德师能素养。我们围绕“德高业精 、博爱敬业 、包容和谐、尚美有礼”的沁中教师形象标准，从沁德楷模、沁智能手、沁能标兵、沁心标杆四个表彰层面，采取周发现身边好人、月选拔“沁德、沁智、沁能、沁心”之星、年评选“沁德楷模、沁智能手、沁能标兵、沁心标杆”、双年表彰沁中十佳最美教师的方式，对优秀教师进行宣传表彰。

2. 沁心育人，实施“两自一助”沁生工程

自省教育催生内动力。学校为每个学生统一印制了融每天生活学习反省、每周成长收获总结、每期综合评价为主要内容的“修身作业”，要求每天学生与家长共同填写、每天班级收交检查、每周班级交流评议、每月学校收交普查、每期展评表彰，使修身作业成为学生精进学业、提升修养的成长作业。

自主管理提升新高度。学校以落实学生核心素养、拓展素质教育内涵为宗旨，积极探索学生自主管理模式，努力将“学生自主管理委员会”打造成为与学校领导班子、家长委员会互为补充、相辅相成的学校“第三管理团队”，构建了班级、年级、学校三级学生自主管理委员会，将其打造成从学校到年级、从年级到班级、从班级到个人的自我管理自我教育体系。

小组互助呈现新景象。学校建立以课堂学习、素养提升、生活帮扶等为主的同伴互助共成长育人模式，科学有效地划分小组，大力推广“兵教兵、班带班和谐共进学习机制”，通过小组擂台赛，金牌小组、进步最大小组评选，激发学生互助合作的积极性、主动性，实现学生管学生、学生帮学生、学生带学生。

3. 凝心聚力，实施“第二管理团队”三级联动工程

我们本着“跳出教育看教育，走出沁中找办法”的治学理念，充分发挥家长的作用，不断完善班级、年级、学校三级家校委员会，健全“家校恳谈会、发展通报会、决策协商会”及“家长义工义教”机制，采用“每周一管、两周一课、每期一展、每期一会”家校互动共育工作法，让家长通过进班听课、到食堂就餐、与教师座谈、向学校反馈等方式，参与学校教育教学管理。学校通过“千名家长进课堂，百名教师大展示”家校联盟、家庭教育月末大讲堂、百名教师访千名家长等途径，努力把家校委员会打造成与学校管理团队优势互补、功能互补、作用互补的第二管理团队，实现育人效果最优化。

段亚萍 郑州市第十八中学校长

中学正高级教师，河南省中小学名校长，享受郑州市政府特殊津贴。多项课题被确立为省市重点课题并结项，著有教育专著《故事中的教育智慧》，参编多本心理学、英语教辅读本及校本教材。

“向善”文化涵养下的学校发展

一个人只能走得快，一群人才能走得远，一所学校的发展需要组成这个学校的每一个单元相互配合、相互补充、发挥出各自最大的效率，才能够实现 1+1 ＞ 2 的目标。**作为校长，需要做的就是站在团队的最前面，从一个比较高的角度，前瞻未来、总结过往、引领理念、协调全局。**

从一所生源严重贫乏、面积不足 15 亩的中等职业学校逐步发展为面积近 74 亩、现代化设施完备、环境优美、校园文化气息浓郁、师生精神风貌焕然一新的市级示范性高中、美育示范学校，从 2002 年转变办学思路以来，郑州市第十八中学在 18 年的发展探索中，特别是近几年围绕“做向善的教育”这一核心理念，分步骤有规划有重点地构建学校发展体系，走出了一条特色化的加速发展之路。

一、“向善”文化，固牢校园人文根基

郑州市第十八中学的“向善”文化，是伴随着郑州市第十八中学的艰难崛起而形成的。作为郑州市最早探索艺术特色教育的学校，却在时代的变迁

中一度陷入了办学条件落后、教学质量低迷、学生流失严重、社会信誉不高、生源严重不足的低谷，师生们最需要的是凝聚力量，重燃希望，激发斗志。在变革的时代里，学校要立得住脚，要保持不断前进的动力，就必须变革文化，以此来影响每一位师生的思想和行为。在这个过程中，积极的态度、健全的人格、坚韧的意志，则应是学校最注重培养的内容。对“向善”文化来说，那个时期就是萌芽期。

2011 年到 2019 年之间租借校区、两次搬迁的近八年过渡时间，对郑州市第十八中学师生来说是困难与磨炼、压力与动力并存的时期，但也恰恰是学校快速发展、“向善”文化确立和逐步完善的时期。这段时期的经历中，“真诚向善，永不言弃”的校训不仅仅是一句入耳的号召，更是入脑、入心的精神力量，十八中人愿把过渡当作考验，敢做凤凰，涅槃重生，硬是将别人眼中的颠沛流离，演变成我们心中的诗情画意。

在新校的建设中，我们将“向善”的文化理念、办学特色和学校精神的元素融入校园景观，打造特色鲜明的文化标识，规划与建设学校文化阵地，使校园的楼、路、庭、树、草等达到使用功能、审美功能和教育功能的和谐统一。

以“向善”文化为基础，我们确立了“培养‘知书达礼、阅读健体、创美尚艺、执着积极’的中国公民”的育人目标，以及“真诚向善、永不言弃”的校训精神，我们希望通过“向善”文化建设，让师生存善心、行善举、做善人，真正做到“善之精神”根植于每一位师生的心中，“善之花朵”绽放在校园的每一个角落，努力形成“善教、善育、善创”的教风、“善学、善思、善行”的学风和“知善、向善、乐善”的校风，促进学生全面、健康、和谐发展，为每一个学生的终身幸福奠定坚实基础。

二、四种建设，撑起学校发展支柱

在推动学校发展的各项工作中，育人始终处于首位，课程作为必备载体是一所学校特色的最佳呈现。在此基础上，师资队伍是实现育人愿景的关键所在，管理制度的制订和落实是有效保障，资源配置则是能够为育人效果锦上添花的影响因素。在郑州市第十八中学的发展体系中，这些都是非常重要且需要不断调整完善的组成部分。

1. 制度建设，建构学校管理框架

学校的各项管理制度，既是广大师生的行为准则，又是校园文化的重要内容和表现形式。在管理中我们力求做到“四个增强”和“四个淡化”，即增强服务意识，淡化领导意识；增强协作意识，淡化指挥意识；增强学术意识，淡化行政意识；增强“对话”意识，淡化“灌输”意识。学校以科学构建学校精细化管理体系为目标，将学校管理工作进行整体规划、分线管理、分块落实、责任到人，形成校长亲自抓、分管领导具体抓、各部门合力抓的工作机制。

学校还从实际出发，与时俱进，逐步完善党群工作、行政工作、人事管理、教学管理、学生管理、科研管理、财务管理、后勤保障等各类规章制度，形成《郑州市第十八中学制度汇编》，将《中学生守则》《中学生日常行为规范》统一上墙，将各班班级文化名片（班名称、班级口号、班级特色、班级精神）精心设计后统一在教室门口电子班牌上呈现。

2. 课程建设，润色师生成长经历

在明确艺术特色学校的定位的基础上，郑州市第十八中学的校本课程都围绕“向善”理念、围绕“以生为本、为人师表、能力为重、终身学习”的教师发展目标和“培养‘知书达礼、阅读健体、创美尚艺、执着积极’的中国公民”的育人目标而构建，由助力教师综合发展的师本课程、挖掘学生成长潜能的生本课程以及发挥家校共育合力的家本课程构成。师本课程又分为提高专业能力的专业课程，加强教学效果的应用课程（心理咨询、生涯规划、家庭教育指导、信息化应用等），提升个人修养（书法、合唱、舞蹈等）的素养课程三类；生本课程又分为规划未来、调节自我的“善意”课程（生涯规划、心理咨询等），播撒善念、引领成人的“善品”课程（精彩一刻钟、国旗下演讲、“论语”讲坛、志愿服务等），探索发现、引导求知的“善智”课程（读书节、学科节、科技节），愉悦内心、陶冶性情的“善美”课程（艺术欣赏、版画、书法、泥塑、舞蹈等）；家本课程主要通过开设家长课堂、发放家庭教育读本、“讲好家庭故事”等形式来实施。

以上课程体系紧扣“善文化”这一核心，分别有所侧重，但又相辅相成，相互融合，相互渗透，旨在让“善”充盈学校生活的每一个空间，培养一届届擅长学习、擅长做事、心地善良、品质醇厚、从善如流的十八中人。

3. 队伍建设，提升校园育人温度

坚持科研引领，是郑州市第十八中学队伍建设中最重要的举措。通过教育科研工作的全面深入开展，提高中层以上干部的理论水平和管理能力，提高一线教师“善教、善育、善创”的意识与能力，提高行政管理人员的创新意识和实践能力，进而促进教师在引领学生成长方面积极作用的发挥是郑州市第十八中学多年来坚持的路线。近几年来，郑州市第十八中学的省、市、校级立项课题的成员们在凝练“向善”文化、构建“向善”课程、打造“向善”课堂、探索“向善”评价、体现艺术特色等框架的基础上，结合各自在教育教学中的思考逐步展开，使研究工作开枝散叶。学校依托知网建设郑州市第十八中学课题协同研究平台和研学平台，对通过立项评审的省、市、校级课题进行网上统一督导和管理，并定期邀请专家对各项课题进行过程性指导和培训，不断促进教师在教育教学实践中思考问题的深入性、全面性和研究课题的规范性、专业性。

为了引导和激励各层次教师树立终身学习、不懈追求、进取攀登的职业意识，建立和营造自我反思、同伴互助、专业引领的工作生态，使教师体验并不断提升专业生涯规划的幸福感，郑州市第十八中学制订并实施了从“教学能手”“骨干教师”“学科名师”到“首席教师”的校内教师梯级培养方案，衔接省市骨干教师和名师的培养路径，以三年为一个周期，从课堂教学、课题研究、学科贡献等方面对不同层级的教师进行认定、培养和考核。同时依托“名师工作室”吸纳有成长意愿、有业绩基础的各学科教师为培养对象，以省市骨干教师和名师的选拔标准为原则开展理论学习、课题研究、业务锻炼和动态考核。

虽然此项工作刚进入第一个周期，但相信通过梯级发展培养，能使我校教师具有系统坚实的政治理论修养、教育教学理论基础、学科专业知识功底、精湛的教育教学技能；掌握本学科教学、课改最新研究成果和发展动态，掌握现代教育技术、教育科研方法，逐步成长为研究型、专家型教师。

4. 资源建设，强化学校发展实力

在经历过渡办学各种困难考验期间，郑州市第十八中学师生对新校园的各种资源需求有了更加明确的认识，并进行了规划和实施。学校给各班配备了常态化录播设备，使教师能随时调取个人随堂课的录制内容，以便尽早检查和修正自己的教学行为。学校还在建好两个高清录播教室的基础上，准备再建微课室，并成立平板实验班，逐步推开线上互动教学，还在学生中推荐使用 e 网通和乐课网资源。

我们在充分搭建好硬件设施平台、配置实体资源的同时，更加重视数字化教学资源平台的建设，学校依托白板硬件环境和教学应用工具及授课资源信息，构建学校的校本教学资源库，通过培训、实践、赛课等措施，不断促进教师的信息化实践应用能力的提升。学校还对互联网上丰富的教学、科研、文化资源，依据教师调研结果进行有针对性、合理化的筛选，力争为教育教学工作提供最有效的资源支撑。

综上所述，回首郑州市第十八中学这些年的发展历程，我们能够在逆境中崛起，靠的是“真诚向善、永不言弃”的精神支撑，靠的是“向善”文化理念下学校发展思路和体系的推动，其中有值得传承的经验，也有需要更新完善的不足。当下，中国特色社会主义教育应当具有带着时代烙印的全新面貌，我们也有了更高的发展目标，未来的郑州市第十八中学，会在一代又一代追求卓越的团队带领下，在“向善”文化涵养下迈向更加美好的未来。

毋艳霞 焦作市万方中学校长

河南大学硕士，中学高级教师，特级教师，河南省名校长。

阳光教育成就阳光人生

焦作市万方中学成立于2013年9月，是全国阳光体育优秀学校、全国读书育人特色学校、首批河南省中小学心理健康教育示范学校、河南省海军航空实验班优质生源基地。自成立之日起，学校就树立了“阳光教育”的办学理念，以“阳光教育成就阳光人生”为校训，着力构建“阳光校园”“阳光德育”“阳光课堂”“阳光管理”，用开拓的精神、务实的作风、严谨的态度描绘出学校特色发展的蓝图，探索了一条“凸显阳光教育理念，构建和谐阳光校园”的办学之路。

一、文化传承，确立“阳光教育”办学理念

焦作市万方中学的发展之路可谓坎坷崎岖：它的学校校名起源于2004年成立的焦作市万方学校。学校在第一个五年规划中，提出了“实施阳光教育，让教育更阳光”的理念，得到了广大师生的认同。“阳光教育”具有整体性、系统性、关爱性、教育性等特点，它能有效改善师生的心灵，引领大家带着一颗阳光的心面向未来。

校训是受到华中师范大学教授周洪宇、广少奎在2004年发表的《阳光教育论》一文的影响，他们将阳光教育定义为“教师用爱心来关怀、理解、激励学生，使他们成为性格活泼、自立自强、合群合作的一代新人的一种教育”。我们认为，两位教授提出的“阳光教育”只注重了对学生的培养，而忽略了对教师成长的关注。因此，我们把校训定为“阳光教育成就阳光人生”。“阳光教育”是指按照科学的规律来整合教育资源，努力为师生营造一个适宜的环境，在给予尊重和信任的基础上，让师生拥有健康的人格和积极的心态；“阳光人生”是指让师生始终带着一颗阳光的心面向未来；我们的理想是运用“阳光教育”，为学生健康成长铺设阳光大道，为教师专业成长搭建阳光舞台，为学校科学发展营造阳光环境。

我们所倡导的“阳光教育”办学思想的根基是“爱”，我们一切教育的出发点都源自“爱”。“阳光教育”是以学校校训“阳光教育成就阳光人生”为核心，以“阳光校园”“阳光德育”“阳光课堂”“阳光管理”为版块的办学思想体系，倡导师生“说阳光话、办阳光事、做阳光人”。

1. 阳光校园

“阳光校园”是指通过一系列以人为本的“阳光环境”的打造，形成以“阳光”为核心的校园环境文化。

一是提炼文化主题，增强校园魅力。学校根据校训，提炼出“和谐阳光，温暖人生”的校园文化主题，着力构建“沐浴文明阳光，共享幸福成长”的唯美画面。

二是合理布局，体现环境教育功能。学校的环境仅有壮观的教学楼是远远不够的，在阳光明媚的校园内，还得让每一位成员都拥有阳光心情和体验。因此，我们注重校园文化的建设，力争让校园的每一面墙壁、每一个角落都会说话。

三是温馨标牌，着力引导良好习惯。校园环境的温馨标牌，往往能培养学生的自觉意识。学校随处可见这样的标牌：“做阳光少年，展自我风采”“我爱阳光教育，我爱和谐校园”等，这些具有亲和力的语言，往往会引起共鸣，从而增强学生爱护环境、美化环境的自觉意识，养成良好的行为习惯。

2. 阳光德育

“阳光德育”是指以构建“阳光心灵”为中心的现代德育体系。我们认为，只有心灵的阳光才是永恒的阳光：如果你的眼中有阳光，你的心灵一定有阳光；如果你的心灵有阳光，我们的世界就充满了阳光。因此我们把引导学生在生活、学习中“说阳光话，办阳光事，做阳光人”作为“阳光德育”的核心内容。

一是常规教育塑造师生阳光心灵。学校通过每周升旗仪式、班团会、教师例会、校园读书节、阳光体艺节、教学开放周、十佳家长评选、师生一对一谈心等活动，实现师生心灵的相互塑造和人格的不断完善。使学生逐步具备“三有一会（有理想、有担当、有见识、会感恩）”品质，教师拥有“三有一会（有爱心、有专长、有拼劲、会赞美）”风格。

二是营造浓郁的书香氛围。我们坚持把“营造书香校园，享受成长快乐”作为始终追求的目标。从亲子共读、整本书共读到现在的《西游记》《昆虫记》《骆驼祥子》《海底两万里》等经典名著的多文本阅读。

三是培养师生良好的行为习惯。师生良好习惯的养成是营造“阳光德育”的基础，师生良好的习惯包括文明礼貌的习惯、卫生养成的习惯、对个人行为负责的习惯、学习的习惯。学校结合新教育实验的“每月一事”，每月一项专题对师生进行习惯养成的培养，从而让学生成为“全面发展、特色突出、具有万方特质”的阳光少年，老师发展为“包容仁爱、儒雅博学、具有鲜明风格”的阳光教师。

3. 阳光课堂

关于课堂，我们的目标是，师生通过“阳光课堂”的滋养，能够主动快乐地生活、理智地生活、有创意地生活。

我们所倡导的“阳光课堂”，是在“阳光教育办学思想”指导下的一种教学实践，它是追求生动活泼的情智课堂、追求民主平等的和谐课堂、追求润泽共生的生态课堂、追求经历体验的生活课堂、追求传承创新的文化课堂。它具有阳光温暖之关爱性、阳光气息之自然性、阳光缤纷之多样性、阳光普照之整体性、阳光魅力之共生性。它倡导面向全体、目标多维；主动生动，多元互动；自主探究，以学定教；启发内化，方法优化。

一般来讲，“阳光课堂”由四个环节组成，即自主学习—合作探究—精讲点拨—有效训练，我们倡导老师们根据不同科目不同课型的教学实际对这四个环节进行优化组合，形成各自最佳的教学模式，再设计出科学的教学程式加以落实。

二、课程引领，夯实学生的“核心素养”

“核心素养”是新一轮基础教育课程改革面临的热点问题。学校整合已有的课程资源，以丰富的课程来引领学生夯实自身的核心素养，从而在一系列的学习和实践活动中成为阳光的人。

1. 研究与开发中心课程，使学生达到未来公民所具备的基本素养

所谓中心课程，是指学校必设的国家课程与地方课程，它集中体现国家、地方的意志，专门为培养未来的公民而设计，是依据未来公民接受教育之后所要达到的共同素质而开发的课程，它具有统一性和强制性。对于这些课程，我们采取挖掘内涵、拓展外延的方式予以丰富和完善。对于语文课程，为培养学生的阅读兴趣，我们根据学生年龄特点，开设阅读课（占语文课时），老师们往往会结合部编版教材推荐的必读书目，开展一些班级共读活动，目标是让孩子们爱上阅读，拥有终生阅读的好习惯；对于体育课程，我们结合学校实际（系国家级排球传统特色项目学校、中考设有足球项目考试），在七八年级开设排球课、八九年级开设足球课（均占体育课时），我们的培养目标是让本校的毕业生，都能基本掌握这两类球的基本要领，懂得比赛规程，能够欣赏相关比赛；对于音乐课程，我们在七八年级开设了葫芦丝课（占音乐课时），并在七年级课堂上渗透街舞相关内容，目标是毕业后学生能基本掌握这两种艺术形式的演奏或表演技巧，懂得欣赏音乐的奥妙、学会用音乐丰富自己的人生；对于美术课程，我们在七八年级开设了“盘子艺术画”课（占美术课时）……

2. 设计与实施校本课程，使学生身心烙上“万方”的痕迹

入学课程，让孩子们浸润阳光教育的滋养。刚入初中，由于和小学有很大的不同，孩子们往往感觉不太适应。我们精心设计了系列课程，让孩子们

了解学校、熟知中小学的不同、知道并遵守一些必要的规章制度，让孩子以及家长了解校训、理解学校的办学思想、知道并督促孩子尽快拥有“三有一会（有理想、有担当、有见识、会感恩）”的品质，具备万方阳光特质，个个成为阳光少年。

毕业课程，让孩子们的梦想快乐起航。临近毕业，部分学生对高中生活常常感到迷茫或不知所措。学校为此专门研发了系列课程，约请优秀初中毕业生到校交流学习经验、力邀优秀高中教师讲述高中学习特点与课程设置、预约名师深入课堂进行学法上的指导、安排相关专家以班级为单位和孩子及家长一道召开亲子家长会、精心策划组织大型毕业典礼……这些毕业课程的设计，让每位毕业生离开母校前留下一份感恩与温情，让毕业生在成长经历中汲取前进的力量，使他们的梦想在这里快乐起航。

社团课程，让“阳光教育”落地开花。为多方面激发学生的潜能，学校根据学生的发展需求研发了三十余种社团课程，每周五下午固定活动。现在，社团活动室已成为学生们最喜爱的地方，而学校也把此作为落实“阳光教育”办学思想的一个重要切入口。

3. 多元评价，助推学生实现人生梦想

“多元”对学生来讲是允许他们在不同的方面都得到发展，对教师来说是多方面培养学生，给他们多方面发展的可能，允许他们成长为不同方面的人才。多元评价摈弃单一以分数为主对学生的评价，涵盖学校所有的学生活动，从各学科成绩、各科目能力测试学分、品德与习惯学分、体质发展和体育技能学分、自主岗位管理学分、社团活动个人学分、校级以上荣誉积分等七个方面对学生进行评价。

在“阳光教育”办学思想指引下，万方中学正在实现跨越式发展。“路漫漫其修远兮，吾将上下而求索”。万方中学决心以海纳百川的胸怀，虚心学习中国教育所取得的一切先进经验和成果，在实践中不断践行和完善“阳光教育”的办学思想，立足精致化管理，打造精品学校，向新的更高目标迈进。

杨世震 开封市第六中学校长

河南省中小学名校长，河南省教育厅学术技术带头人，河南省骨干教师，河南省教育厅优秀教育管理人才，河南省中小学教师职称评委专家库成员。

活力教育：尊重生命，追求本真

特色办学，品牌立校，是学校内涵发展的需要，是成就师生幸福人生的需要，更是新时代教育创新的需要。2015 年年初，通过充分酝酿讨论，紧密结合学校现状和实际，我们逐步将“活力教育”作为学校办学思想的概括体现，以“学生快乐，教师幸福，校园和谐”为目标支撑，实现学校活力教育、活力文化、生命精彩的美好愿景。以“活力教育”目标实施为总纲，以“活力学生、活力教师、活力校园”为目标分解，施以具体践行支撑，构建完整体系。让生命回归本真，让校园充满活力。

活力教育就是充满旺盛生命力的教育，是以师生全面发展为本的教育，是践行和升华以人为本的教育，是生命教育的巩固和发展。它的理念价值在于关注师生个体的体、情、知三个维度的协同运作，其内涵在于尊重教育规律和生命身心发展规律，促进每个学生主动地、生动活泼地发展，其核心价值取向强调发展师生的潜在创造力，充分开发师生生命的活力源泉。

一、活力教育目标构建及践行支撑

活力教育是一个充满生机与活力的教育生态系统。学校将活力教育初步分解为培育活力学生、塑造活力教师、建设活力校园三个子目标，并通过活力课堂、活力班级、活力制度和活力团队等一系列具体措施和平台来实现，有序推进，使之贯穿到学校各个工作环节之中，逐步成为学校活力教育、活力文化的实践支撑。

1. 活力教育的核心是培育活力学生

学校将培养健康活泼、积极乐观、思维灵动的阳光少年作为学校活力教育的育人目标。

活力标兵。制订《开封市第六中学活力学生标兵评选方案》，以“人人有活力，努力争标兵”为目标，以“争当活力标兵，做文明学生”为主题，在全体学生中形成说文明话、办文明事、做文明人的良好氛围，培育活力学生。

活力班级。坚持以生为本，增强管理实效。以培育活力学生为目标，把打造活力班级与“小而美”育人活动紧密联系，不断增强德育工作的主动性、实效性，形成全员、全方位、全过程参与的德育模式，培育活力学生，让学生更像学生，让生命更像生命。

活力社团。制订制度，成立组织，统一部署，系统管理，丰富综合实践活动，逐步形成社团工作亮点和特色。鼓励社团辅导老师编写教材，形成校本特色。将社团合作作为学生学习及校内各类组织活动的组织形式，在优秀社团小组评选的基础上，延伸评选范畴，由单一的学习逐步延伸到日常管理、各类活动及社团文化建设等多个层面，以全面促进学生的合作意识和活力个性成长。

2. 活力教师是活力教育发展的基石

学校发展离不开一支充满活力的优秀教师团队。学校确立提升教师群体素质的三个层次，即以快乐生活点燃激情—以研究热情促进成长—以竞争意识激活状态。

活力课堂。现阶段，学校以活力课堂作为实施活力教育的切入点，以完善建构活力课堂为立足点，以构建新型师生关系为支撑点。三者相辅相成，相互影响，共同推进。以点到面形成辐射联动，横向推进活力班级、活力校园的建设，全方位整体优化学校教育教学工作；深入分析、研究活力课堂的基本要素，修订完善活力课堂的教师要求和评价标准，建构基于建立新型师生关系的活力课堂教学模式。

活力教科研。以开展校本教科研为抓手，努力探索校本教研的新视角、新途径、新策略，促进教师专业发展，进而有力推动课程改革进程，促进学校内涵发展。建构教科研文化，形成长效机制。学校坚持全员参与、全面管理、全程监督，形成“校长—教学副校长—处室主任—教研组长—教师”五级教科研体系。开展“活力组长”“活力教师”示范课展示活动。

活力团队——学校积极打造干部党员、班主任、骨干教师、青年教师团队。敢于加任务，压担子，上要求，搞攻坚，重激励，团结协作，乐渡难关。让教师幸福成长，沐浴在活力氛围之中。

3. 建构活力校园——活力教育发展的彰显

活力校园是以教师和学生为双主体的、以和谐共处的系统形式存在和发展的有机整体，它尊重师生的生命主体。创设“书写生命精彩”的教育环境，顺应和开发师生个体生命潜能，激发师生生命活力，发展师生才艺特长，从而使之自由、活泼、全面、和谐、可持续发展。

活力空间。横向拓展活力教育空间，构建活力校园，培育活力文化。加大文化主题拓展力度，着力打造优美、文明、洁净、和谐的校园文化环境。

活力制度。科学有序进行制度创新，形成制度管理、文化育人的激励、引领、自觉、自律的氛围。

活力“小而美”。学校推行“小而美”育人活动德育工作策略。通过一些小型而又易于操作的活动、项目、竞赛等，让学生在具体而微的活动中接受思想品质上的美好熏陶。

活力课程。学校积极开发活力校本课程，如班级管理之三十六计、教科研四重奏、制度的文化力量等，满足个性化发展需求。

二、实现活力教育办学思想目标的三驾马车

我们实现活力教育办学思想目标的平台丰富多样，但最主要的载体是教学上的活力课堂、德育上的班级管理之计、行政上的制度文化建设，称为“三驾马车”。

1. 教学：构建活力课堂目标评价体系

其基本元素概括为“一核三体六元二思”，即“1362”模式。

一核，即以提高教学质量为核心。

三体，指教学的整体、教师的导体、学生的主体。

教学的整体——教师上课要求教法灵活，重点突出，容量适中，设计合理，衔接紧密，过程流畅。

教师的导体——即充分发挥教师的指导、引导和辅导作用。课堂师生互动语言、情感有激情；形象、肢体语言充满活力；语言表达规范、充满激励作用；对学生学习方法、行为习惯、能力培养的指导方法灵活；教师起到引领示范作用，包括形体示范、习惯示范、语言示范等，举一反三。

学生的主体——即必须坚持学生是课堂主人、学习主体的课堂观。看学生面貌是否轻松；看学生思维是否活跃（教师能做到生动地讲、降低难度地讲），是否分层教学，让好中后都动起来；看学生行为习惯的展示；看学生参与度；看学生的合作探究精神等。

六元，即活力课堂中的六个基本元素：

知识积累。要目标明确、梳理清楚，掌握知识要准确，方法灵活，量度适中。

能力训练。按“总分总”要求有机实施。总目标要清晰，分要求要具体，总能力有提升。教师适当调整难度，采取灵活训练方式，达到综合能力目标。

学法指导。引导学生探索学科学习规律，建立学习方法、记忆方法、综合分析方法、阅读方法、解题技巧等，力争做到“授之以渔”。

习惯培养。主要指对学生学习、作业、读书、交流、坐姿、问答等各方面行为习惯的引导与培养，结合实情，不走形式，有的放矢。

品质培育。包括学生心理、思想、认知、信心各方面品质培养与开发。

素养提升。依据教育教学规律，阶段引领，循序渐进，最终养成学生的学习乐趣、审美情趣、学科理趣及综合实践能力等。

二思，指思考本节课是否真的具有活力，即学生是否轻松，教师是否愉悦，课堂是否活跃；反思本节课的得失、优劣、长短。

2. 德育：探索活力班级管理之三十六计，逐步形成学校德育校本课程

根据活力教育目标要求，学校鼓励各班学生自主管理、自育发展，形成有个性的班级文化。组织开展“展示班级活力，亮出管理高招”活动，展示班级常规管理亮点，积极探索符合新形势发展需要和现代班级成长规律的管理方法，大力提倡一班一策、自主创新、形成模式的做法，学年初明确活力班级有高招的征集意见，学年末收集各班自主管理模式新成果，班主任老师集中介绍班级管理的特色和高招及达到的管理效果，通过展示、评比，提炼班级管理三十六计，形成学校德育校本课程。

3. 行政：培育“制度管理、文化育人”活力制度文化理念

以制度化、规范化、民主化、精细化“四化”建设为导向，积极进行制度改革、制度创新、制度整合、制度优化，全面实施依法治校、制度管理、文化育人策略，以制度文化促进教职工自觉自律的行为习惯和工作程序，形成真正规范、有序、流畅、高效的活力工作模式。

三、保障体系促进学校可持续发展

转变思想，更新观念。通过全员教师培训、主题讲座、邀请专家进校指导、校本课程开发等方式，宣传和培育学校活力教育思想，组织广大教师深入学习先进教育教学理论，全面、正确把握活力教育的内涵。

有序组织，有效实践。成立学校活力教育三级目标工作小组，做到人员认识到位，职责细化，任务明确。着重学校活力教育目标实施的整体和分级工作，制订方案、推进工作和评价总结等。

师资培育，科研引路。重视对教职工的培养力度，通过专业研修、课程开发、校本培训、外引内修等一系列措施，培养和造就一支观念新、素质高、有个性、能创新的活力教师队伍。加强教科研工作，抓实省市级活力主题课题研究过

程，以此为抓手，加强活力主题课题研究，建立青年教师学堂、骨干教师学堂、团队干部学堂等，引领推动活力教育目标的实践与实现，解决活力教育目标实施过程中产生的实际问题。

创设条件，确保投入。活力教育目标实施过程中，学校多渠道筹措资金，加大和确保各项投入，调整经费使用结构，合理统筹学校经费，设立专项资金，优先保障活力教育目标实施工作中的必需活动经费支出等。

王小蔷 郑州市金水区纬三路小学校长

中学高级教师，河南省名校长。带领教师团队承担了多项国家、省、市级课题研究。

润教育，让每个生命温润而美好

作为一名校长，我一直这样想：**教育应像水一样，是浸润学生心田缓慢而优雅的过程；教育是潜移默化间对学生内化于心、外化于行的影响；**教育是对学生生命感、价值感、潜能的唤醒；教育是在悄然和自然之间让学生获得知识和能力的成长。

2011 年，我走进了 1948 年建校的郑州市金水区纬三路小学。这是一座国家级体育传统项目学校，以乒乓球成就了邓亚萍、高阳等一大批乒乓名将。

面对这样一座具有悠久历史的名校，如何能够秉持“在传承中发展，在创新中提升”的发展理念完成华丽转身，我和团队一起，结合自身实际，构建了学校“润教育”的教育哲学，完善了学校发展体系。润教育涵盖了美润校园、博润教师、水润课程、智润课堂、灵润学生、合润家长六个方面。

一、美润校园

学校以“让学校成为教师、学生生命成长的乐园”为理念。美润校园有一个个鲜活独特的生命体。

它是书香校园，在晨诵午读暮省中让孩子们诵读经典，使琅琅书声与静心默读成为学校美丽的风景；在师生共读、亲子共读中体会阅读的魅力。

它是活力校园，作为国家级体育传统项目（乒乓球）学校，在金水区教体局“一校一品”课程建设框架下，让每个孩子都能够“知乒乓、会乒乓、爱乒乓”；两个专业的乒乓球训练馆，90 张乒乓球台前是孩子们尽情挥拍的身影。

它是绿色校园，绿色，不仅仅是校园中充满生命力的植被，更寓意校园的精神面貌，学校开发的积极行为养成项目、自我领导力项目，提醒孩子们时时做到文明、有序，充分挖掘每个人的潜力，实现自我管理。

二、博润教师

“水之积也不厚，则其负大舟也无力。”博润教师就是需要努力塑造“在博学中教育学生、在博爱中润泽学生”的优秀教师。

1. 师德修养课程

组织多彩活动，如健康讲座、教师合唱、广播操比赛等，关注教师身心成长，形成融洽的教师关系；组织“和谐关系工作坊”，从身体到心理、从工作到家庭生活、从师生关系到夫妻关系关注老师的成长，提升教师的幸福指数。

2. 教师阅读课程

我们坚持“人人都是读书人”的理念。让教师的阅读更有深度。学校通过樊登读书会、喜马拉雅等阅读平台，为老师们打开了广阔的阅读空间。2019 年，我们开展了每周一本书、每周一书单、“六步阅读法”的阅读活动，一年来，很多老师阅读量超过了 100 本，近六千份阅读单见证了大家“读书人”的最美内涵，年终阅读报告中“厚积薄发”“破茧成蝶”“哲学大师”等一个个词汇是对老师们读书精神的褒奖。

3. 阅来分享课程

“阅来分享的舞台属于每一位教师”。在这个舞台上分享的既有专家、教研员，也有校长和中层领导，更多的是一线教师。分享的内容有生活感悟，也有徜徉书海中宁静的心灵感悟，有人生体验中丰盈的喜怒哀乐，也有牵着蜗牛去散步的闲情雅致……一本好书、一部电影、一段旅程、一技之长、一份情怀，都是分享的内容。

4. 名师工作室课程

聚焦名师教育经验，发挥名师引领辐射，是名师工作室的根本。目前，我们先后成立了“春燕名班主任工作室”和“张丽红工作室”，主要进行综合实践活动、班主任工作、吟诵课程等方面的研究。

5. 成长记录课程

学校将“自我领导力”教育融入教师课程，教师通过制订个人使命宣言、以要事第一的原则规划生活和工作，记录自己的成长足迹来充实个人的“领导力笔记本”，让成长看得见。

三、水润课程

在“润教育”的引领下，我们构建了“水润课程”体系。

1. 建构独特的课程图谱：让每个孩子都领略完整的课程图景

学校围绕“让生命温润美好”的办学理念，坚定地做润物无声的教育，我们坚持把孩子放在课程中央，关注孩子们的学习需求，聚焦孩子们的生长点，在理顺学校横向与纵向关系的基础上，建构了独特的小水滴课程逻辑图。我们以课程指南为桥梁，让每一个孩子都知道课程所在的年级、班级，让每一位教师都看到自己在学校课程图谱中的位置，让每一个家长都明白孩子在学校将学习什么。

2. 探索丰富的课程途径：让每个孩子都体验生命的温润美好

小水滴课程是通过智润课程、慧润学科、行润项目、达润研学、乐润社团、德润仪式、广润节日七大途径来实施，让孩子们亲身经历和体验真正的学习过程。

建设慧润学科，让孩子们体验丰富的课程特色。慧润学科是以各学科核心素养为圆点而进行的多维拓展与延伸的学科课程群。它包含“润泽语文”“奇妙科学”“智慧数学”等八个课程群。

聚焦行润项目让孩子们感受生动的课程融合。行润项目是以特定资源和孩子们的学习兴趣、需求而开发的融合课程，在课程实施过程中，我们注重学习方式的场景性、学习时间的灵活性、学习空间的多元性、学习资源的易得性，让课程真正回归孩子，让学习真实地发生。“我的社区图景”课程，是孩子们以学校为圆点、走进方圆两公里范围内的公园、街道，体育馆、科技馆、博物馆、医院、商场、酒店等进行的场馆学习——“HELLO 图书馆”是学校暑期开展的研究性学习项目，“黄河”课程是学校根据在地风物而开发的，从物、器、道三个方面按照六个年级来架构课程内容，涉及动物、植物、建筑、经济等多个方面……

四、智润课堂

智润课堂是指教师运用灵动的智慧和积极的情感，以智慧点燃智慧、思想照亮思想、生命润泽生命，发展学生各自的潜能。学生在快乐与思辨的学习氛围中，主动求知、乐于探究，培养学生的核心素养。

智润课堂是纬三课堂文化的灵魂。经过多年的探索，智润课堂逐渐成为学生高尚的精神生活和丰富的人生体验。教师和学生在课堂上共度一段生命之旅，实现情智交融，和谐共生，共同成长。

五、灵润学生

润教育的最终目标是培养“懂感恩、勤锻炼、爱探究、乐生活”的纬三少年。围绕育人目标，学校开发了“积极行为养成项目”，通过正强化、常督促、多激励的方式帮助孩子养成良好行为习惯，让育人贯穿学校、家庭，学习、生活的全过程，从而形成家庭、学校、社会教育共同体生态气候群，共同创造和维护一个积极而又持续发展的生态行为系统。

2019 年，学校又引进了“自我领导力”项目，通过七个习惯的学习与实践，依托三级灯塔团队、直接授课、融入式教学、创建领导力文化等七个途径发掘学生的潜力，使他们不仅能够领导自我也能够领导他人。

六、合润家长

家长是学校发展、课程改革强有力的依靠。我校以蒲公英家长学校为依托，把学校教育、家庭教育、自然教育、社区教育有机地融合在一起。

1. 以爱为联结——完善蒲公英家长学校规划章程

2017 年，在制订学校新一轮的三年发展规划时，我们首次把蒲公英家长学校的发展作为重点项目进行规划。我们邀请教师代表、家委会成员、学生代表、社区代表、第三方教育机构一起座谈，共同讨论，修订完善蒲公英家长学校的章程，制订了蒲公英家长学校新的三年发展规划。之后，我们召开了三级家委会，向 350 位家长传达了章程规划。在家长学校章程和发展规划的引领下，家校共育呈现出新的样态。

2. 以成长为目的——构建蒲公英家长学校课程体系

为满足现代家庭成长需求，蒲公英家长学校积极开发特色课程、注重评价过程、加强育人方法指导。

蒲公英家长学校坚持以公益与非公益相结合、讲座与体系化结合、自主研发与专业定制结合、外聘专家与本校家庭教育指导师结合的原则去研发课程。课程以一个家庭为学习单位，注重课程的体验性、系统性，以积极正向的理念，引领家长聚焦在改变上。

3. 以项目为抓手——创建蒲公英学校积极的家庭文化。

制订家庭宣言，形成爱的公约。学校以《高效能家庭的 7 个习惯》为抓手通过自主阅读、专家导读、德育处领读等方式，让每个家庭内化 7 个习惯的意义。制订家庭使命宣言，让每个家庭有共同的愿景和目标。

召开家庭会议，表达爱的仪式。学校引导每个家庭每周找出一段时间，召开家庭会议，就家中重要的事项及问题进行平等的沟通交流。

创建家庭书房，给予爱的营养，开展家庭阅读三个一活动。即：一家一书房，一家一书单，一家共读一本书。同时，在各班家委会的带领下，有序开展家庭共读共享活动。

落实家校健康处方，感受爱的力量。学校通过《纬三学生健康处方手册》，通过思想道德、体育锻炼、卫生保健、自我认知、心理游戏、情绪管理、人际交往等内容，指导家长在假期中科学陪伴孩子，提升孩子们的健康水平。

开展家校自然行动，弘扬爱的坚守。为让孩子更多地亲近自然，学校开展了家校协同自然行动项目。开发了“我的公园”“黄河研学”“校园植物知多少”等课程。

学校是成长的一个载体，一个场所，也是一段特有的时光，在这样一个智慧奔涌、个性夺目的校园里，让孩子们慢慢生长出责任心和使命感，在老师的引导下，发现自我、唤醒自我。

王军霞 鹤壁市淇滨区明达小学校长

中小学高级教师，河南省名校长，河南省教育系统先进工作者，河南省教育厅优秀教育管理人才，河南省学术技术带头人，河南省教师教育专家，河南省骨干教师。

9+1+N 体系，让明达师生拥有一生美好的回忆

位于淇河之畔的明达小学建于2013年8月，目前有40个各具亮点教学班，2628名活泼可爱的学生，95名爱岗敬业的教师。建校伊始，确定了校训：“明德惟馨、达士通人”，用“明德惟馨”回答办一所什么样的学校，用“达士通人”回答培养什么样的人，用“校长眼里老师第一，老师眼里学生第一”的“双第一育人”管理理念，来实现“既有中国传统文化的精髓又有国际化视野的现代化学校”的长远目标，达到“明达小学，我们一生美好的回忆”的发展愿景。

一、品牌铸造

学校的顶层设计是指学校管理者为促进学校优质可持续发展，科学凝练核心理念、全面规划学校发展、精心设计文化内涵、创建发展路径、形成实施纲要、具有前瞻性和独创性。如果用六到十年铸造一个教育品牌的话，需要经过品牌铸造、品牌提升、品牌影响三个阶段。

2013年，我来到明达小学，学校位于鹤壁新区城郊，是当年政府的民生

工程。上任第二天学校就要和其他小学一样同步招生，生源复杂，教师年轻。如何开好局起好步、做顶层设计呢?

1. 做什么?

一是凝练核心理念。校训:“明德惟馨，达士通人”；长远目标：“有理性、有担当、既有中国传统文化精髓又有国际化视野的现代化学校”；两个理念：教学理念是“爱创明达”，即用爱心、创新钻研教学、服务学生；管理理念是“双第一育人”，即“在校长眼里老师第一，老师眼里学生第一，落脚点一定在学生身上”；发展愿景：“明达，我们一生美好的回忆”。二是创建9+1+N课程体系作为实施路径来完成。三是制订三年发展规划：一年树形象，两年创特色，三年立品牌。

2. 怎么做?

一是定位思考路径。要办什么样的学校？培养什么样的人？灵感来自校名，明什么达什么。“明德惟馨”即以立德树人为本，建一所让美德散发馨香的学校，“达士通人”即培养心胸豁达、博古通今、德智体美劳全面发展的社会主义建设者和接班人。

二是创建实施路径：怎样培养人？刚开始规划课程提出“科科有特色，班班有亮点”，感觉面窄不好记，分析办学资源，明达离淇河很近，师生和家长都是喝淇河水长大的，就把地域文化（鹤壁市把淇河文化作为核心文化）作为学校文化基因，依据鹤壁市地标性9+1建筑群构建了课程设置9+1+N体系作为实施路径来使核心理念落地。

三是规划三年发展目标。基于学校位于城郊，生源很差，原班教师和学生都不会说普通话，所以我们就确定了“一年树形象，两年创特色，三年立品牌”的发展规划，至此，顶层设计也就成形了。

顶层文化“9+1+N ”：在原来的文化元素中增加了校形象达人、校庆完善创建。“9”，即9项文化体现元素：校训、校徽、校旗、三风、校歌、校服、校主题色、校形象达人、校庆。校歌：《一生美好的回忆》。校形象达人“明明、达达、欢欢、迎迎、妮妮”，分别代表德、智、体、美、劳。

“1”是1个共同的发展愿景：明达小学，我们一生美好的回忆！美好回忆这个大家共同愿意看到的景象，促使我们努力达到“四美好”：一是关系相处要美好，二是学生成长留美好，《小达人成长记》会留下童年的美好与多彩！三是老师发展存美好，美好回忆相册每学期一张最美照片，校长写寄语，四是家长满意更美好。

“N”是N个学校三年发展规划：第一个三年发展规划是一年树形象、两年创特色、三年立品牌，到现在整整七年了，现在实施的是第三个三年发展规划：品牌铸造年、品牌提升年、品牌影响年。

用校训回答办什么样的学校，培养什么样的人，用顶层文化、课程设置、师生评价的“9+1+N”体系作为实施路径来回答怎么培养人。

二、课程实施

明确了校训，如何让理念落地，需要具体的课程支撑，课程设置9+1+N分两个体系。

德育活动“9+1+N”：为落实校训“明德惟馨”创建，立德树人、让美德在明达小学散发馨香，除了思想品德课，学校重在实践中育人，在活动中育才。

“9”是每年9个教学月，月月过节日。年年创新“月月过节日课程”的内容和形式，向多元纵深发展。其中五个节日已经课程化。

“1”是每天锻炼1小时，日日大课间。一年级文明礼仪操，二、三年级动感啦啦操，四、五、六年级特色足球操。

“N”是每年N个周，周周重仪式。生活需要仪式感，学习更需要仪式感。仪式课程有每学期开学周、9月26日校庆周、六年级毕业周课程，其他周为主题升旗+好习惯课程。

基础课程“9+1+N”：有什么样的课程就有什么样的孩子。基础课程“9+1+N”体系，围绕“达士通人”而创建，即培养心胸豁达、博古通今、德智体美劳全面发展的社会主义建设者和接班人。

“9”是9门基础课程，科科有特色。依据9门国家基础学科语数英音体美科学信息劳技，开发了相应的素养提升拓展性课程共28个。今年，原来的“开心农场”和“中草药基地”都进行整改提升，种植了18种农作物、12种果木树、30 种中草药，“达娃向党”系列劳动实践课程正在整合提升。

“1”是1门淇河文化课，每周1节。历时4年8次修改，校本教材《淇水情，明达梦》六册，由南开大学朱彦民教授写序。

“N”是N个班级，班班有亮点。品牌班级三部曲：班级也是一个小学校，班主任就是校长，也需要做品牌。一是确定课程，要聚焦学生核心素养，找自己最喜欢的、最擅长的、最前沿的、最经典的，不然你做不长。二是做顶层设计：围绕你的课程设计班名、班歌、班训、班徽、班旗等。三是课程落地：每周一节，创编教材、写教案、有作品、出成果。每周一节班级亮点课。迄今为止，开发班本课程 36 个，编写班本教材 23 种。

师生评价“9+1+N ”：有课程的开设就应该有相应的评价体系。学生评价“9+1+N”：“9”是 9 项技能，选项领先。“1”是 1 个好身体，健康第一。“N”是 N 种好习惯，终身受益。教师评价“9+1+N”：内练担当，外塑形象。“9+1+N”教师评价。9 是备课、上课、培训等 9 项制度，抓实做细。1 是师德师风，率先垂范。N 是 N 种奖励，弘扬正气。举办“最美教师”“文明教师”“感动明达人物”等评比活动。

三、品牌提升

在顶层设计的引领下，个性鲜明的学校“9+1+N”体系受到各方面的关注。我们没有止步，一方面注入文化基因，从品牌拓展到品类，另一方面用工匠精神打磨品牌。

从品牌到品类，注入文化基因。我们把“9+1+N”品牌又进行了拓展，营造育人环境，提炼了环境文化“9+1+N”，分为布局规划和淇河文化两个板块。

布局规划“9+1+N”：“9”为 9 个校园布局板块，淇奥楼、淇艺楼、淇水楼、淇云楼、足球场、篮球场、药草园等。“1”是 1 个内外合用的文化馆，里面不仅有艺术展厅、大型图书馆，还有能容纳千人的报告厅。“N”是 N 种地域绿化植物。淇奥翠境的竹子、樱花大道的樱花、孙思邈的药草园等，美好环境，润泽心灵。

淇河文化“9+1+N”：淇河是一条诗河、史河、生态河，她被中国诗歌学会命名为“中国诗河”，是鹤壁地域文化的标识。“9”是9个淇河古名人雕塑：竹之君子卫武公、爱国诗人许穆夫人……他们按年代顺序结合绿化的树种分布在校园不同的位置。“1”是1幅淇河石子流域图：2015年暑假，明达教师冒着酷暑，用双手精心打造一条等比例缩小、用黑白小石子铺成的淇河流域图，有鹤壁十大景点，引领学生走入淇河文化。“N”是N个年度感动明达人物：每年一名感动明达人物。

家社服务“9+1+N”体系：调适外部环境。9是9项服务方式，1是1个家校委员会，N是N场家庭教育培训会。教育就是服务，服务家长，服务社区，服务社会，既爱岗敬业，又有责任担当。

党建工作“9+1+N”体系：党建引领，彰显价值。“9+1+N”党建体系，9是三课、三会等9项制度，落实到位；1是志愿活动，每月1次；组建党员、教师、学生、家长四支服务队，定期开展活动。将社会主义核心价值观由校内辐射到校外。N是N个党员，率先垂范。

由品牌到品类，由点到面，组成一个互相联系、彼此协调的有机整体“9+1+N”品牌。明达教育，实现了义务教育校长专业标准的六个方面：顶层文化“9+1+N”规划学校发展、环境文化“9+1+N”营造育人文化、课程设置“9+1+N”领导课程教学、师生评价“9+1+N”引领教师成长、党建工作“9+1+N”优化内部管理、家社服务“9+1+N”调试外部环境。

做好顶层设计，提升教育品牌。顶层设计三要素：凝练核心理念，创建实施路径，规划学校发展。提升教育品牌四要点：工匠精神、建立信任、从品牌到品类、成果传播。明达，用初心担起教育使命，用淇韵润泽师生心灵，用行动奏响立德树人赞歌，用品牌成就师生美好回忆！

寇　爽　郑州师范学院附属小学
党总支书记、校长

北京师范大学硕士，郑州市政协常委，中学高级教师，教育部第二批领航工程名校长，河南省政府督学，河南省名校长，河南省学术技术带头人。

立己·成事·达人：立人教育探微

教育是一种培养人的社会活动。相对于社会教育和家庭教育而言，学校作为一种专门从事教育的机构，更应该把培养“人”而不仅仅是人“才”作为自己的首要使命。反观当下教育现状，并不十分乐观。习近平总书记明确提出要把立德树人的成效作为检验学校一切工作的根本标准。如何让这一根本任务在学校教育中落地生根，就需要我们在办学过程中勇于探索创新。

郑州师范学院附属小学始建于1931年，近百年来，附小人铭记“树人报国”的光荣使命，励精图治，青蓝相继，逐渐形成了底蕴深厚的校风、教风和学风。时至今日，随着学校办学规模的不断扩大，附小人持续更新教育观念，勇敢自觉地融入新时代对教育的挑战中。并且随着时代的变化，在继承优秀办学传统的基础上，不断融入新理念、新思路，“立人教育”就是附小人优秀办学经验在新时期的生动表达。

一、立人教育的内涵界定

《论语·雍也》有云：“己欲立而立人，己欲达而达人”，要想实现“仁”

的目标，就要有由己及人的同理心，立己是达人的前提，这和“修身齐家治国平天下”的“内圣外王”之道一脉相承。

1. 师资队伍的“立己”观

韩愈在《师说》中有言：“古之学者必有师。师者，所以传道受业解惑也”。同时，古之学者向来以追求“三不朽”作为人生目的三大要素，即立德、立功、立言。教师作为知识分子和典型的终身学习者，天然应该具有追求三不朽的本能与使命感。

首先是立德。将教师职业道德教育放在教师队伍建设的首位，“君子务本，本立而道生”。学校坚持完善制度化的师德培育体系，以德育德，通过师德影响人、发展人。

其次是立功。“功业”有显性和隐性之分，显性的“功业”是治国平天下，隐性的“功业”可以是“三尺讲台，千秋功业”。授业之功既是教师的职业本分，同时也是教师修身的“法门”，不断引导教师形成职业自豪感、幸福感。

最后是立言。立言的过程即专业成长的过程，往往要经历一个从教学经验（普遍性）到教学风格（个体性），再到教学模式（普遍性与个体性融合）的转变过程。

2. 组织管理的“成事”观

“通过成事来成人，是教育活动内在的事与人的关系”。这里的“事”包括“人（人事、招生、评价等）、财（财务管理）、物（硬件规划）、时（时间规划）、信（虚拟空间监控）、空（实体空间设计）”。“成事”更多跟学校的组织管理有关。从理念上来说，学校组织管理反对“封闭式”管理，试图打造“自由、民主、有度、有序”的开放式管理理念。

首先是立方向。立人教育的总目标是“达人”，作为保障基础的事务性工作都要围绕着达人的总目标设置自己部门的小目标，同时也要制订近期目标、中期目标及远期目标，并接受相应的绩效考核。

其次是立方案。制订目标之后，积极探索建设性方案并尝试实践，号召管理人员持续思考“我做了哪些工作有助于立人教育的实现？”“我还可以做哪些工作更有利于立人教育的实现”。

最后是立规则。“开放式管理”也要按照规则“办事”，俗话说无规矩不成方圆，“立人教育”的各项工作必须要通过各项规章制度予以保障。当然，规章制度建立的民主议事程序也是工作重点。

3. 五育并举的“达人”观

学校教育就是要培养德智体美劳全面发展的人，立人教育自然不能脱离这一根本性与基础性规定。所以我们将其称为基础性目标，也可称为“五基”。

立德以树人之本，学校坚持以树人为核心、以立德为根本，育人和育才相统一；立身以树人之基，身体健康强壮是人生幸福的起点，毛泽东在《体育之研究》中提到“体强壮而后学问道德之进修勇而收效远”；立智以树人之才，智力教育是知识教育的核心，知识教育是才能教育的基础；立美以树人之灵，在教育的过程中，我们往往熟悉理性的教育，也知道感性的重要，我们需要探索途径多样、载体丰富的美育课程体系；立行以树人之能，使学生树立正确的劳动观点和劳动态度及劳动习惯。

二、立人教育的实践探索

1. 强化师资队伍

在学校整体打造“立人教育”品牌过程中，我们鼓励教师立德、立功、立言，努力建设学习型、学术型、学者型组织。着力培养和成就一批师德高尚、谈吐优雅、专业突出、追求卓越的学者型教师队伍，形成完整的骨干教师、名师、首席教师的梯次结构。

成立教师成长工作坊。实行“教育研究发表会”制度，构建“教育研究共同体”。不仅为教师专业发展提供线上线下专家指导，更要通过个人备课、案例展示、集体讨论、同伴互助、教学实践、评点反思等促进教师成长。

持续举办教师“立己月论坛”活动。通过形式多样、主题鲜明、丰富有效的学习交流与经验分享，实现教师自我提升和共同发展，致力于学习型、学术型、学者型组织建设。

借智借力，与高校开展高层次合作项目。学校要探索与大学研究机构、专业研究人员进行合作研究的方式和途径。遵循参与、合作、分享的原则，提升研究的专业内涵和实效。

2. 优化组织管理

秉承“立人教育”理念，坚持“治校民主，校务公开，管理规范”的治校方略，坚持科学管理思路，优化处室结构，提高管理效率，不断完善现代学校制度，用机制管理学校，实现“管理立人”。

立方向层面，领导班子成员职责分明、职责到人、分工合作，充分发挥集体领导的优势，为学校做好顶层设计。

立方案层面，校内各中心、各段部要勇于挑担子，根据学校顶层发展战略，制订各项工作的规划方案，并对规划方案中质量目标实现情况进行阶段分析、指导、落实。

立规则层面，鼓励行政人员进行组织管理创新，制订符合与学校当前发展相适应的激励机制、监督机制、评价机制，不断完善校内各项规章制度，健全民主管理制度，根据实际情况对既有制度规范进行修订、完善、提高，并对实施过程进行调控和改进，保障各项规章制度的顺利实施。

3. 构建学本课堂

育人目标的实现必须以课堂为载体，课堂是教育教学行为发生的主渠道。建构与学校教育哲学相一致的课堂形态，是建立育人质量保障体系的内在要求。

附小在梳理不同学科课堂共性规律的基础上，提出了“学本”课堂形态，并以此规约学科课堂教学的价值立场、基本范式、评价标准，实现学科育人的本质追求。“学本”课堂形态遵循“让教学回家”的基本理念，变“先教后学”为“先学后教”“少教多学”。“先学”就是把学习的主动权还给学生，让学习成为学生自己的事情，也就是学习方式的重建。“后教”就是以学论教，即根据学生的学而教，是对学的再创造；在这个过程中，促进学生的“学”是教师的准确定位，教师必须超越学生的“先学”而使学生实现由“学会”到“会学”的“质”的飞跃。

4. 丰富课程类型

以培养目标为导向，学校对三级课程进行了统整，构建了“三好·生”

课程体系。课程作为知识技能与价值观获得的载体，以“好”为目标，课程成就美好；以“生”为根本，课程成全学生。“三好”代表的好思想、好品行、好习惯从内在底蕴、外显行为、基础素养等方面明确了课程的育人取向，“三生”是指“丰盈生命、面向生活、自主生长”。

丰盈生命是学校课程的根本目的，面向生活是学校课程的建构根基，自主生长是学校课程的立人价值。基于这样的理念，将校本课程分为四类：中华文化、国际视野、健体悦美、科学探究。

中华文化层面的课程目标：通过画、捏、唱、写、弹，激发兴趣，培养学生对中华传统文化的热爱，产生文化自信。课程架构：有故事的黏土、连环画创编、戏曲、书法、古筝。

国际视野层面的课程目标：通过世界优秀文化成果传承，中国优秀文化国际化理解为主体，加强国际理解教育的精神，拓展学生国际文化知识视野。课程架构：趣味英语、经典影视、一支笔创绘本。

科学探究层面的课程目标：鼓励孩子在科学、技术、工程和数学领域的发展和提高，培养孩子的综合素养，提升其全球竞争力。课程架构：智趣数学、衍纸、物联网、航模、编程。

健体悦美的课程目标：培养提高学生感受美的能力，鉴赏美的能力及表现美的能力，拥有健康的身体。课程架构：合唱、舞蹈、绘画、速写、篮球、足球、跳绳、乒乓球等。

5. 美化校园环境

努力打造智慧校园和文化校园。

首先是智慧校园，为“立人教育”提供服务体系支撑，以教育信息化带动教育现代化，形成与教育现代化发展目标相适应的教育信息化体系，将教学、科研、管理和校园生活进行充分融合，实现教育全方位创新，促进优质教育资源共建共享。

其次是文化校园，环境文化是学校文化的有形载体，学校环境文化是一种潜在的课程，是学校内涵的外在表现，建设过程中要坚持“立人”理念，不断对学校的环境文化进行整体规划。

重点进行两方面建设：一方面是努力改善办学条件，建设“立人”的文化校园；另一方面是在基础设施的建设中，准确把握学校文化建设方向，坚持民族性和时代性相结合，实现“让每面墙壁说话，让每个角落育人”，让“立人”的泛化指标在整个校园里“无处不在、无时不有”，真正实现环境育人，催人奋进，鼓励创新。

冯东辉 开封市第二师范附属小学校长

中小学正高级教师，享受国务院政府特殊津贴，全国巾帼建功标兵，河南省省管优秀专家，特级教师，河南省名校长。

坚守教育原点　构建尚真教育

开封市第二师范附属小学创建于清朝光绪三十四年（1908 年）。自创建百余年来，学校秉承“做真人，习真知，说真话”的“真教育”办学思想，坚持“求真务实”的教育风尚，让“尚真”“求美”的追求在校园里根深叶茂。

作为一所百年老校，在新的改革形势下，如何进行学校教育改革？如何提高学校教育的核心竞争力？ 2012 年，我校提出了“尚真求美，启智新德”的办学理念。

“尚真教育”是以“德”“智”“美”“真”基本教育理念为基础，以“尚真求美，启智新德”为核心价值观，培养“知行合一美少年”的教育。尚真教育的核心价值观是“尚真求美，启智新德”，办学目标是“办一所尚真求美、有远见、有韵味的学校”，育人目标是“培养知行合一的美少年”。“知行合一”内涵简而言之即教育孩子“说真话、做真人、讲诚信”。“尚真教育”校园文化体系主要包括管理文化、课程文化、课堂文化、教师文化、学生文化和环境文化六方面。

一、管理文化：说真话·做实事

尚真教育管理文化围绕“真”“实”二字，即“说真话·做实事”。“说真话·做实事”的内涵阐释为“公正、精细、协商”。“说真话”是指公平公正，“做实事”是指管理要精细化，民主与集中并重。

尚真教育的管理实行“校长负责制”“全员聘任制”“绩效工资制”“岗位责任制”的“四制”管理体系。学校管理制度涵盖了26项行政制度、13项德育制度、41项教学制度和35项后勤制度，形成了一个完整的管理制度体系。

二、课程文化：尚真课程

尚真教育课程文化就是尚真课程，即为培养“知行合一美少年”而打造的课程体系。

学校尚真课程的整体结构体系分三个层次，即国家课程、地方课程和校本课程。我们**以学生的兴趣需求为基点，基于学生的可持续全面发展，以周边资源为依托，开发了“四纬”“四经”交织的尚真课程体系**，多层次、多角度地体现了“尚真教育”的理念和内涵。

1. 开发“纬”课程：丰富学校课程内涵

“纬”课程构成了学校课程体系的横向框架，主要包括“四纬”，由百溪园课程、百趣园课程、百家园课程和百卉园课程组成。

百溪园课程即国家课程的校本化，它是教师依据学校实际开发的特色课程，犹如涓涓细流，沁润学生的心田。目前已经开发的有机器人快乐学、快乐健身、趣味数学、快乐阅读等13门课程。

百趣园课程即兴趣走班课程，主要是依据学生兴趣开发的课程。我们打破原来常态下的年级和班级组织，坚持“以兴趣为主，以兴趣为纽带，以兴趣为起点，以兴趣为终点，以兴趣为标准”的原则。目前，我校共开发了特色兴趣活动课程一百多门，出版了《百趣园》系列教材四本。

百家园课程即每月一次的家长讲堂课程，是学校利用家长资源开发的课程。目前，学校已整理了“百家园”系列家长讲堂材料，共收录教学内容一千多篇，内容涉及安全、环保、卫生、文化、科普等17个领域。

百卉园课程即学校的班本课程。即以班级为单位，师生共同开发的富有班级特色的课程。目前，学校各班开发的班本课程涉及班风建设、行为习惯、学习技能等数十项内容，实现了班级课程文化的百花齐放、百家争鸣。

2. 设计“经”课程：构筑完整育人框架

与“四纬”课程相交织的“四经”课程，是依据学校“尚真教育”办学理念划分的德、智、美、真四大类课程。

“德课程”意在明心励志、涵养心性，着重培养学生的道德修养，主要指德育、社会综合实践类课程，包括国旗课程、综合实践活动课程等。

“智课程”意在博采众长、厚积薄发，着重培养学生的思维能力，主要指智力开发类的学科课程，包括快乐阅读、趣味数学、国际象棋等课程。

“美课程”意在润物无声、浸润心灵，着重培养学生的审美能力，主要指艺术、体育类课程，包括手工艺术、快乐健身系列体育课程等。

“真课程”意在探求真知、智圆行方，着重培养学生的创新能力，主要指科技教育、探究求真类课程，包括小小科学家、机器人快乐学等课程。

3.“两点两线”：让课程实施落地于“尚真课堂”

我们构建了以“尚真课堂”为核心的课堂文化。“尚真”着眼于教师和学生的求真，即“习真知”，实现共同成长、共同进步。尚真课堂体系由两点两线组成，“两点”主要是指教师和学生，“两线”主要是由师生的进步档案和评价统计系统组成的螺旋上升曲线。

教师体系。尚真课堂的教师体系由教师进步档案和教师课堂评价系统组成。教师进步档案每位教师一套，内容涵盖教师每学期课堂教学相关技能和技巧的自评、互评及进步评语，档案中还包含教师每学期的教育教学获奖记录及分数换算系统。课堂评价系统包括教师每节课的教学效果统计表，共有两套，一套是教师自己统计的教学效果，一套在教研时使用，包含课堂提问、教学设计、教学评价等数据。

学生体系。尚真课堂的学生体系由学生进步档案袋和学生教学效果评价系统组成。学生进步档案袋人手一袋，评价的内容涵盖学生德智体美劳等多方面，评价的方法有自评、家长评、教师评等，期末由班主任统一给出评语。学生教学效果评价系统也有两套，一套记录学生平时及期末测试成绩，一套和教师评价系统共同使用，主要评价学生的参与度、成绩等数据。

三、课堂文化：进步课堂

学校尚真教育的课堂文化是“进步课堂”。“进步”着眼于老师和学生的共同成长与进步，即师师进步、生生进步。进步课堂的“进步”主要体现在教师和学生两方面。

四、教师文化：明智之师

尚真教育的教师文化是“明智之师”。尚真教育的明智之师文化体系主要如下：

明智之师标准。明智之师的标准是学校教师要有好形象、真学问。

明智之师培训体系。为了让教师成为明智之师，学校建立了相应的明智之师分层培训体系：

“明智专家”工程体系。专家工程体系主要是选取部分省市级骨干教师作为特级教师及教育教学专家的培养候选人，采用导师培养、定向培训、建立工作室等方法，发挥引领和传帮带作用。

“明智骨干”工程体系。学校为中年教师成长制订规划，充分利用各种渠道和方法使其迅速成长为能独当一面的骨干力量。

“明智青蓝”工程体系。学校的青年教师众多，学校采取结对子、拜师等方法，让青年教师与骨干教师和特级教师牵手，加强对青年教师的培养。

明智之师评价体系。“明智之师”是学校教师评价最高的荣誉称号，另外明智之师每年还会评比若干教学质量之星、教科研之星、班主任之星、团队之星。

五、学生文化：知行合一美少年

尚真教育的学生文化是“知行合一美少年”。即做一个“说真话、做真人、讲诚信”的好学生，这符合学校“尚真求美、启智新德”的办学理念和目标。

学校学生文化的实施渗透在学生教育的各个方面，具体的学生文化培育体系如下：

德育文化体系。学生德育文化为“尚真德育”。尚真德育主要分为三个层次：

常规德育。常规德育为三级管理体系——校德育工作领导小组、东西校区大队部和各中队组成一个倒T字形的三级管理机构，常规德育主要培养学生“说真话、做真人、讲诚信”各种常规行为习惯。

学科德育。学校充分发挥学科优势，结合学校办学特色，深入挖掘教材中的德育内容，将做“知行合一美少年”教育渗透到每一节课堂中。

活动德育。利用重大节日、典礼提供丰富多彩的德育活动，围绕“知行合一美少年”做到月月有主题，周周有内容。校内德育与校外德育融合起来，将德育活动渗透到家庭和社会，倡导各中队走出去，参与各种社会实践活动，做“知行合一美少年”。

学生文化评价体系。学校依据尚真教育学生文化内涵设立了“知行合一美少年”的评价标准，把评价标准渗透到了德育的角角落落，把“知行合一美少年”作为学生评价的最高荣誉称号。

如今，尚真教育的办学理念和文化体系已经渗透到学校的角角落落，渗透到每个附小人的心中。尚真教育如雨露，似春风，正滋润和吹拂着二师附小这棵百年巨树，使其再染新绿，满树繁花。

刘福波 获嘉县凯旋路小学校长

河南省名校长，河南省教育系统先进工作者，河南省教育厅优秀教育管理人才，河南省教育厅学术技术带头人，河南省文明教师。

构建“彩虹教育”理念下的育人体系

获嘉县凯旋路小学是获嘉县的一所局直小学，1992年建校，办学中坚持“德育为首，五育融合，以人为本，全面发展”的育人思想。构建具有特色的素质教育育人体系是当前发展学校素质教育的重要课题。现今，获嘉县凯旋路小学践行“彩虹教育，架构幸福人生的立交桥”的办学理念，逐步形成了学校的育人体系，走出了一条探索素质教育的“彩虹道路”，实现了学校的可持续发展。

一、坚持以文化人，构建系统的文化体系，实现全程育人

科学的办学理念是学校发展的灵魂和命脉，是一所学校文化底蕴的长期积淀，是一所学校成功办学的关键所在。因此，凯旋路小学把“追求卓越，崇尚一流”作为办学目标，力争让孩子拥有最美的童年，享受最好的教育。通过创设以人为本、优雅温馨的彩虹环境，塑造开拓进取、爱岗敬业的彩虹教师，开展丰富多彩、健康向上的彩虹活动，从而培养阳光自信、乐学上进的彩虹少年。

校园文化墙从学校、教师、学生三个方面展示彩虹教育的基本理念及教育蕴意。楼道文化分层设计，主题鲜明，经典古诗文、励志人物故事、感恩教育创设着一种向善向上的教育氛围，传承着古老而厚重的优秀传统文化。班级文化更是七彩纷呈:“习惯养成”“快乐学习”“放飞梦想”“我型我秀”……不同的主题展现的是彩虹教育的缤纷世界，培养的是孩子们自信、阳光、向上的彩虹品格。

二、坚守教师固本，构建系统的教科研体系，实现教书育人

只有教师优学校才会强，凯旋路小学以“彩虹团队”为培养目标，以“彩虹教研”为依托，立足本校，借助外力，努力打造一支具备师德素养和教育情怀，具有教学特点和教研特质，善于教研反思和教研叙事，肯于力争上游和团队合作，富有学习力、思考力、成长力的彩虹教师团队。

1. 榜样引领，提高师德修养

为加强教师队伍建设，鼓励教师专业发展，发挥优秀教师的示范作用，学校进行彩虹名师、彩虹优秀教师、优秀班主任、的评选，让优秀的教师成为学校的正能量，引领教师，引领学校向前发展。

2. 彩虹研训，助力教师成长

凯旋路小学注重为教师搭建成长平台，让教师感受成长的幸福。

学校建立完善的校本教研管理体系，实行三级教研。第一级出彩教研——学校层面的教研，研究确定各学科的方向性、目标性内容。第二级增彩教研——学科层面的教研，全体学科教师参与，以解决学科教学中存在的共性问题。第三级光彩教研——备课组层面的教研，年级备课组全体教师参与，解决同一备课组教师教学中的具体问题。这样，出彩、增彩、光彩三级教研上下贯通，方向明确，目标一致，教学问题既可以由大到小、精细分化，又可以由小到大、主题拓展。

每周四为教研日，积极开展年级组或校际教学设计同课异构活动。教学设计同课异构要求教师精心研究教材，潜心钻研教法和学法，做到依据课标设计学习目标，依据目标设计学习问题，依据问题设计学习活动，依据活动

设计课堂作业，依据作业设计学习评价。

我们采用“逼压—引领—自觉”的阅读策略推进教师有效阅读，要求每位教师每学期至少读一本教育专著，每周写一篇学习笔记。期末，开展“书香馥郁，幸福成长”读书分享交流活动。而且要以彩虹教师读书沙龙的方式每月进行一次分享交流，让老师不仅会读，而且会思、会说、会写。

3. 开展活动，丰富精神生活

教师心中充满幸福，才能把激情奉献给教育事业。我们开展以关爱和保障为主题的送温暖活动，每年组织全体教师参加体检；我们把学习当作最好的福利，把教师的专业成长当作通往幸福的阶梯。多次聘请专家到校为教师开展心理咨询讲座，帮助教师树立阳光心态。组织“翰墨香”师生书法练习活动，使教师在活动中陶冶性情，锤炼技能。今年我们又新增了“彩虹讲坛”活动，将对教师进行摄影、烘焙、品茶等审美情趣专项技能的培训。

三、坚持课程育人，构建系统的学校课程体系，实现全科育人

课程是学校的核心竞争力。学校为构建“彩虹课程”体系，以“三启”课程和“四课程四活动”儿童阅读素养提升课程为突破口，逐步丰富全科育人建设。

1. “三启”课程

一年级入学启蒙课程。为了让一年级新生尽快适应小学生活，精心准备设计入学启蒙课程，具体包含 10 大环节，涵盖在校生活的各个方面。并结合一年级学生的年龄特点，将游戏、儿歌、实践活动融入课程，制订详细的学习方案和验收程序。

四年级成长启志课程。四年级是成长立志关键期，为了让四年级同学在成长中立志，设计了启志课程：祝福成长、快乐成长、感恩成长、立志成长四部曲，让成长和立志相融合，让学生在仪式中感受成长，在成长中立志，在成长中励志，在成长中达志。

六年级毕业启航课程。通过忆往事、谈理想、许祝福、拍一拍、扫一扫、抱一抱等环节，让六年级毕业生带着对母校的眷恋和祝福，怀揣对未来的美

好憧憬，扬帆启航。

2.“四课程四活动”儿童阅读素养提升课程

“经典诵读”课程：利用每周两节的阅读课和每天的晨读时间诵读《国学课堂》，学期末检测诵读效果，日积月累中使学生收获良好的习惯和语言涵养。

“1+1”同步阅读课程：利用每周一节与教材配套的《同步阅读》校本课程，有效补充名篇佳作，扩大课内阅读量。

“悦读探究”课程：根据语文课标推荐的必读书目，每班每学期选择一本师生共读书目，根据阅读进度，教师上好悦读探究课（阅读指导课、阅读研讨课、阅读展示课），同年级图书漂流，教师走班上课。

“好书选读”课程：学校按学期统筹安排每班学生走进图书馆自主选读，孩子们在文字宁静的世界里获得智慧与快乐。

区角评比活动：每间教室创建班级图书角，营造独具特色的“图书角”文化，扎实开展班级读书活动。

微信听读活动：微信公众平台开设“听我悦读”栏目，定期推送师生优秀阅读作品，使阅读交流和分享活动通过新媒体变得更加便捷。

亲子悦读活动：每逢节假日，通过形式多样的活动，引导家庭开展亲子共读，助力学生良好阅读习惯的养成，促进全民阅读。

期末悦读秀活动：每学期开展阅读成果展示活动，评选“阅读小达人”和“书香班级”，为学生的阅读成长搭建展示的平台。

四、坚持活动育人，构建系统的主题教育活动体系，实现全面育人

教育是以人为本的艺术，学生是教育的主体，根据“彩虹教育”的办学理念，我校推行“七个一”工程，致力于培养心态阳光、身体健康、善于合作、勤于思考、乐于付出的彩虹学生。

1. 阅读一定数量的好书

我校通过开设国学校本课程、开展“彩虹文章”读书活动、评选书香班

级等打造书香校园，营建积极健康的“悦”读氛围，点燃了孩子们的读书热情，提升了孩子们的写作能力，让孩子们真正爱上读书，让图书室、阅览室成为孩子们最乐意去的地方。

2. 书写一手规范的汉字

练习书法，可以培养学生的观察力、专注度及审美情趣。我们开设书法课，配备6名专职书法教师。为学生设计方圆练字簿书写汉字，编写“成长笔迹”硬笔书法作品册，每学期期初、期末学生书写一次，通过参照对比，让“笔迹”见证孩子的成长。每学期开展“翰墨香”师生书法比赛，把作业变成作品，并将优秀作品做成展板在校园内展示。

3. 学习一种喜爱的乐器

器乐学习对于培养学生坚强的意志、顽强进取的品质，以及踏实、严谨、科学的作风，都有良好的作用。在实施中，我们提出“课堂抓普及、课外抓特长、全员抓提高、整体抓特色、项目抓合作、展示抓激励”的工作思路。

4. 热爱一项体育运动

《体育与健康课程标准》指出，“运动兴趣和习惯是促成学生自主学习和终身坚持锻炼的前提”。我们在五、六年级开设篮球课，普及篮球基本技术，培养学生对该项目的浓厚兴趣。

5. 携带一个绿色环保袋

地球目前破坏和污染严重，从小树立孩子的环保意识刻不容缓。我们在全校开展“小小环保袋，殷殷环保心”主题活动，整个校园内不设一个垃圾桶，每个孩子自制一个环保袋并随身携带，旨在倡导孩子们用行动维护生态和谐。

6. 承担一份义务工

现在的孩子大多娇生惯养，缺乏责任意识，惯于享受别人为自己服务。针对此种问题，我校在高年级开展“彩虹少年，小小义工”系列活动。要求学生在每学期开学初制订自己的义工计划，学习之余具体实施。于是，有的孩子照看校园花草，有的孩子摆放班级图书，有的孩子维持放学秩序，有的孩子打扫街道卫生。

7. 结交一批好朋友

我校把培养学生情商，提高交际能力作为一项教育工程来做，要求彩虹少年要做到“说话让人舒心、做事让人称心、做人让人放心”的“三心”标准。我们开展“朋友读书会、朋友书法赛、奇思妙想好朋友”等活动，为孩子创设交往的环境和机会。

“赤橙黄绿青蓝紫，谁持彩练当空舞？”“彩虹教育”是一种个性、一座桥梁、一项工程，一份蓝图！团结奋进的凯小人会一如既往地用人性的美丽、生命的活力，让凯小在彩虹教育的天地中持练起舞！

积淀

——打造学校发展的文化

罗 敏 河南省第二实验中学校长

河南青年五四奖章获得者，河南省直工委优秀共产党员，河南省教育厅学术技术带头人，河南省教育厅巾帼建功标兵，河南省教育厅优秀党务工作者。

基于灿烂教育的学校文化构建

河南省第二实验中学创办于 1998 年，目前有金水区纬二路和郑东新区夏庄街两个校区，是河南省教育厅直属的九年一贯制学校。创办以来，我校从整合课程资源到开展社会实践学习，从开设“课程超市”选修课到构建校本特色课程体系，从设立教学活动月到举办学生学科节，从完善班主任制度到实施班级组改革，从制作教学切片到应用网络直播课堂，从开展有效教学探索到打造“优悦”课堂教学范式，实施了一系列遵循教育规律、逼近教育内核的实践探索。

2017 年以来，我校以打造品牌学校、培养品质教师、培育品位学生的“三品”教育为目标引领，不断强化“高质量低负担”的价值坚守，积极探索“拔出尖托住底”的教育策略，持续构建基于班级组管理的全员育人体系，形成了顺应天性、涵养德性、张扬个性的校园氛围。

2018 年以来，我校在解读立德树人目标、研究学校发展历史、读懂校情学情的基础上，从分析办学宗旨、办学理念和办学实践入手，提炼出三者共同的关键因素，形成了有学校明确态度和价值导向的“灿烂教育”思想。通过实践这一教育思想，我校的办学理念、办学实践和课程建构建立起了逻辑关联，并逐步形成了独具特色的灿烂教育文化构建样态。

一、灿烂教育的追本溯源

河南省第二实验中学从2004年启动校本课程开发，到2013年构建“1+1”综合素质培养校本课程群，再到2017年重构基于核心素养的校本课程群，一代代二实验人通过不断加强关键领域课程群的建设，用实际行动彰显着对“让每个孩子阳光灿烂”办学理念的执着坚守和不懈追求。

我校二十余年“让每个孩子阳光灿烂”的办学实践，使“灿烂教育”思想成为有源之水、有本之木。因为学校办学现状和其发展历史始终是紧密相连的，**学校发展既不能对办学历史完全否定，失去自我成长之基；又不能全盘肯定，再无创新发展之魂。**

我校的“灿烂教育”思想由办学实践的积累而产生，由教育实践的需要而提出，是在解决教育的实际问题中形成的，更是我校在长期的办学实践中生长形成的教育智慧。

二、灿烂教育的意蕴解读

“灿烂”一词出自汉代科学家文学家张衡《东京赋》中的“瑰异谲诡，灿烂炳焕”，不仅有明亮、鲜明的样貌之意，还有形容事情或事业辉煌、美好之意，北宋司马光《同鲜于子骏题和乐亭》有诗云：“圣人垂大训，灿烂著芳册。”

灿烂是让天赋自然而饱满地生长，是人的最好精神状态和最好成长样态。教育是一个由美的内化到外化的过程，是认知美、追求美、创造美和达到美的过程。灿烂教育是以阳光灿烂为理想，带领师生向着灿烂成长的教育，其整体性、融合性和开放性均指向“具身”学习和“全人”教育。所以，灿烂教育是我校发展素质教育的价值论和实践论，是寻找生命意义的成长突围过程，是让灵魂站立起来的教育超越过程，是关注师生“具身学习”和“全人成长”的个性化实践样态。

我校把灿烂教育的宗旨定位在“促进人的发展上”，努力通过学校教育的洗礼，让师生具备“阳光灿烂”的生命样态。我校**把“灿烂教育”的终极目标定为育人，特别是学校之中的人，让师生生命在更高处绽放是灿烂教育文化构建的价值依归。**

三、灿烂教育的文化构建

学校是培育人的场所，也是进行文化传承的地方，一所学校的文化在一定程度上决定着它的办学品质。学校文化是一所学校区别于其他学校的重要特征，在学校管理中起着极其重要的作用，尤其在当今教育体制机制变革时期，学校组织文化更是发挥了巨大的教育、导向、规范、约束、凝聚、辐射、激励和觉悟等作用。

1. 确立组织文化

组织文化是组织在长期发展过程中，由组织成员相互作用、积淀生成的具有鲜明组织特色的观念文化和制度文化。在灿烂教育文化体系构建中，我校重点聚焦教师精神层面的价值取向、教育理念、管理文化及师生的精神塑造和品质追求，力求通过系统打造学校文化并整体激活文化育人因子，使之成为教师完成立德树人使命的精神动力。

在“让每个孩子阳光灿烂”办学理念的指引下，我校现已发展成为一校四区的教育集团办学格局，初步形成具有灿烂教育特色的学校组织。我校把“各美其美，美人之美，美美与共，美益求美”定为组织文化理念，引导集团各校区之间形成各有所长、互为补充、遥相辉映、相得益彰的大境界和大格局；把学校发展目标定位于成为一个带领师生向着灿烂成长的教育共同体，一个寻找生命意义的成长共同体，一个让灵魂站立起来的学习共同体。

2. 塑造精神文化

学校精神文化既是历史的积淀，也是思想的淬炼，承载着一所学校高度的价值认同和情感认同。精神文化不但是学校发展中最核心、最有效、最持久的力量，还是办学体系的核心目标和价值指向。我校的精神文化内涵是拓展和丰盈受教育者的生命和灵魂，把学校教育当成一场不断挖掘和丰富人性的文化实践。

为此，我校把“打造品牌学校、培养品质教师、培育品位学生”作为办学愿景，以“品高志远、善思敏行”为校训，以“至臻至善、阳光灿烂”为校风，以“德才兼备、学无止境”为教风，以“知行合一、全面发展”为学风，把“帮助师生成为最好的自己”作为办学宗旨，把培养“有文化底蕴、有责任担当、有情感温度、有人性光辉”的“四有”学子定为育人目标。全体二实验人以“唤醒灵魂，润泽生命”为教育信仰，努力通过灿烂教育唤醒每个灵魂的个性活力，润泽每位师生的生命成长。

3. 完善制度文化

制度文化是渗透在学校体系架构、规章制度、工作流程、岗位职责中的价值观念和风格特色，同时也是在生成和执行各类制度过程中折射出来的价值取向和行为准则。学校制度文化既是精神文化的有形产物，又是精神文化的有力保障，对于形成优良校风学风、培养师生良好品德行为，具有非常重要的导向作用。

纬二路校区作为我校集团发展的核心校区，承担着资源输出和经验集成的重任，同时也是学校制度文化建设的重要力量。校长办公室负责纬二路校区乃至集团发展所需要配套的制度建设，并为其他校区或处室的制度建设提供理念指导和政策依据，其他各处室负责职责范围内的制度文化建设。目前，我校已形成由多主体参与、利用教代会等民主管理方式设计、通过和实施的制度文化建设体系，为学校发展提供了有力支撑。

4. 丰厚行为文化

学校行为文化主要包括主体行为形象、科技文化活动、交际活动及社会实践活动。我校把“大气、正气、和气”作为品质教师的重要标准，因为“唯大气者成大事，存正气者修正果，蓄和气者生赢局”；把“教养、修养和素养”作为品位学生的重要标准，因为“教养是由外而内的教育养成，是学生应具备的道德品质和习惯养成；修养是由内而外的自我修炼，是学生应具备的文化底蕴和反思自省；素养是内外合一的综合提升，是学生应具备的综合素质和核心能力。”

我校还引导广大师生学习和欣赏他人美，发展和创造自身美。在灿烂教育思想的引领下，二实验人坚信：生命因教育而灿烂，爱是教育最灿烂的阳光，精神灿烂是优秀教师的特质，学校是让人性绽放灿烂光芒的地方，让每一个生命阳光灿烂是教育的神圣使命，让生命与世界灿烂相遇是教育最舒展的姿态。

5. 打造物质文化

物质文化是学校文化的重要载体，也是制度文化和精神文化的外在表现，它是学校物质环境中注入的独特文化和精神内涵，会对师生的价值观念和行为习惯产生潜移默化的影响。我校通过塑造物质文化的视觉和听觉系统，把“灿烂教育”转换到学校的物化环境中，通过可视、可听、可感、可传等多种方式，为学生营造一个蓬勃向上、阳光灿烂的校园环境。

在视觉系统的打造上，我校力求让“灿烂教育”的非可视内容转化为静态的视觉识别符号，以丰富多彩的应用形式在最为广泛的校园中直接传播，力求让每一间教室、每一块墙壁、每一处角落，都尽可能地传递教育思想、传承学校文脉、传达人文关怀和传播灿烂精神。在听觉系统的打造上，学校组织师生谱写了校歌《铭记每个阳光灿烂的日子》，拍摄了视频，通过听觉刺激或多种形式彰显办学理念。

6. 提炼课程文化

丰富学生的学习经历是课程改革的核心理念。我校把灿烂教育的课程文化理念确定为“让生命与世界灿烂相遇”，努力通过构建高品质的课程让学生在学习中发生有意义的变化，甚至将这种变化持续到课程结束或学生毕业之后。为此，我校把课程文化理念分解为：课程即生命眷注、课程即丰富经历、课程即个性成长、课程即心灵阳光。

在灿烂教育课程文化理念的引领下，丰富学生的学习经历已成为我校课程建设的价值导向、目标追求和具体行动。为凸显“灿烂教育”课程文化的特质，我校的课程设计强调从学生的角度出发，关注学生学习经历和成长经验的联系支撑，多措并举使学校的课程建设始终聚焦课程文化核心，并与学校文化形成互构，浸润学校管理的方方面面和广大师生的一言一行。

实践是一种力量和积淀，还是一次唤醒和生发。基于灿烂教育的学校文化构建，不仅是一个以人为本、回归本源的教育追求，还是一段理清思路、专业成长的研究历程。未来，我校将在“发现问题—诊断问题—反思升华—实践检验—发现问题”的螺旋上升中，继续完善学校文化构建的理论认知和教育自觉。

郅广武 郑州市第八中学校长

中小学正高级教师，河南省先进工作者，河南省中小学名校长，河南省教育厅优秀教育管理人才，河南省五一劳动奖章获得者，河南省教育系统先进工作者，河南省教育厅学术技术带头人。

承守正文化，育时代新人

校园文化是一所学校源于历史、基于观念、引领未来的气质禀赋和核心力量，是学校全面协调、可持续发展的强大精神动力源泉。**作为学校发展的隐性资源，校园文化的厚度决定了学校发展的深度和广度，决定了支撑学生成长平台的宽度和高度。**作为一名教育人，我们认为学校教育的出发点是明白为什么而教、教什么、怎样教。因此，我们凝练校园文化内涵，明确“守正文化”，即“养正心、弘正德、持正道”。

“守正文化”的核心点在于“养正心”，就是永葆教育的初心；“守正文化”的着重点在“弘正德”，弘扬中华优秀传统文化、美德；“守正文化”的发力点在“持正道”，秉持正道，即秉持教育的责任、教育的良心，遵循道德的准则、学生发展的规律。六十多年来，一代代八中人在坚守中传承，在传承中发展，坚持五育并举，培养全面发展的人。

一、优化校园环境，营造良好氛围

校园环境是校园文化的“硬件”，是校园文化的物化表现，是校园文化的直观反映。学校秉承环境育人理念，精心设计校园环境。从宏观着眼、从细节入手，从道路到广场、从围墙到橱窗，处处彰显文化气息。

学校精心修建了中华文化廊，设计建造了校史文化大道、漂流书屋、传统文化展示窗，让一墙一角皆为展示文化的空间；创意设计了园林景观、亭台轩榭微缩景观，让小桥流水走进八中校园；优雅凝聚的氛围，窗明几净的教室，高端大气的教学设备，让八中师生深爱温馨美丽的校园，增强了学校凝聚力。

二、关注教师发展，引领校园文化建设

校园文化的主导是广大的教职工，他们依靠高尚的职业道德修养、高超的教育教学水平，把握着校园文化的发展方向。广大教师不仅要传授给学生知识，更要依靠人格魅力来感染学生，做良好校园文化的实践者和创造者。

1. 提升教师职业道德

树立师德榜样，以“范”导师德。每年，学校都会进行郑州八中最美教师、感动八中人物、文明教师、师德标兵、师德先进个人的系列评选，并举办颁奖典礼，让每一次的教师节表彰都成为师德典范的展示会，师德教育的报告会，师德建设的宣传会。

开展师德教育，以“学”养师德。学校组织教师学习师德政策文件，收看师德宣讲报告会，学习全国教书育人楷模的典型事迹，并利用道德讲堂活动，讲述身边人、身边事，引导老师们自觉履行职业道德和行为规范，争做“四有”好教师。

完善师德考评，以“规”约师德。学校把师德建设作为学校办学的重要考核指标，把师德素养考评作为教师个人考核的重要内容，对于出现师德问题的教师或领导实施一票否决。

2. 提高教师教育教学能力

不断提升教师教育教学能力，是学校教师队伍发展永恒的追求。近年来，我校以多样化的校本培训来提高教师综合素质和专业水平，旨在打造一支师德修养高、业务素质精良、教学技能全面、具有一定教育科研能力、适应新

时期教育改革发展需要的教师队伍。

建立教师专业发展共同体。学校传承中老年教师与青年教师结成师徒对子的优良传统，从思想、教学、教研、科研等方面对青年教师全面指导，充分发挥中老年教师的传、帮、带作用。发挥“名师工作室”的优势，以名师指路的方式全程引领青年教师成长，组建“中年教师共同体”。以“名班主任工作室”为平台，组织班主任沙龙、三人行班主任成长联盟，拓宽班主任专业化成长的路径，形成班主任工作的品牌。

多样化课例提升教师专业能力。学校定期开展名师引领课、骨干教师示范课、新任教师汇报课、青年教师达标课等活动。学校统一安排各学科开展集体评议活动，主讲教师进行自我评价和教学反思，听课教师畅谈感受，充分发挥名师、骨干教师的示范作用。

百家讲坛提升教师科研水平。我校鼓励在教育教学方面有突出成就的教职工开设“百家讲坛”。或分享自己的成功经验、或讲述自己的难忘经历、或就某一问题与大家探讨交流。通过此活动提升教师的理论水平和反思总结能力，挖掘教师潜能，力求成就我们的教育专家。

阅读为教师成长注入源头活水。我校制订了层级化读书目录，开展书香校园活动，学校定期为教师发放优秀教育类书籍，营造人人读书的大氛围，利用教研、集会进行学习，共读佳作，同品美文。

三、弘扬传统文化，提升学生道德品质

“种树者必养其根，养德者必育其心”，我校积极探索义务教育阶段以优秀传统文化推进德育建设的途径和策略，以优化校园文化，为学生的终身发展打下稳固的根基。

经典诵读，积淀底蕴。学校把传统文化经典内容的学习作为基础任务，以晨诵、午吟的形式开展经典诵读，并组织多样化的经典主题演讲比赛等，引导学生将国学经典中的优秀思想潜移默化成自己的行动指南。

主题活动，养德养心。本着“传承民族传统文化，提升个人道德修养”的理念，抓住清明节、端午节、中秋节、重阳节等传统节日的契机，组织多

样化的传统节日主题活动。以班级为单位，利用班会课组织优秀传统文化学习心得分享。通过一系列的感恩教育活动来培养学生孝顺父母、会感恩、讲仁义、懂礼仪的道德素养。举办优秀传统文化相关内容的书法、绘画、知识竞答等比赛活动。调动具有不同特长的学生参与活动的积极性，将个人才艺展示与优秀传统文化相关内容相结合。以班级为单位，结合课本内容、个人理解，进行优秀传统文化剧本展演活动，打造丰富的优秀传统文化活动课程。

四、打造阳光课堂，帮助学生学会学习

我校课堂文化建设以遵循教育规律，关爱每一个学生发展为前提，推行郑州市第八中学“阳光课堂”。“阳光课堂”变“先教后学”为“先学后教”，实现“少教多学”。通过分组合作学习，以“独学、对学、群学”三种方式，抓“课前、课中、课后” 三段，构建“先学、展示、反馈”的课堂流程，实现课堂教学的重建，帮助学生学会学习。坚持“以问题解决为主线，以尝试学习为途径，以学生活动为主导，以激励评价为手段”的原则，以“发现问题、解决问题、获取知识、反思提升”的过程来推进学生素养的培育和提升。

“阳光课堂”强调师生之间的交流和沟通，实现教学相长。在课堂教学上，学生的学习由被动变主动，由单纯识记知识发展到自主、合作、探究、反思，学生在课堂学习中感悟生活、畅谈收获；教师变非理性教学为理性教学，由单纯地讲授知识发展到提示、分享、辩论、欣赏，教师在点拨学生时反省自我、总结经验。

五、设计多样课程，成就学生全面发展

我校一直致力于校本课程建设，让课程为学生提供支撑生命成长的“营养元素”。我校本着“丰富、多样、自主、选择”的课程文化建设要求，基于对学校办学理念、硬件条件、师资队伍、课程建设、社会资源的 SWOT 分析，结合对学生需求的评估调研，以学校总体培养目标的四个关键词为核心，构建了责任担当课程、健康生活课程、阳光学习课程、实践创新课程四个维度的课程框架，开发了系列校本课程。

1. 持续的学段契机课程

针对学生在不同阶段的成长特点，学校为七年级新生开设了“爱在八中”的入校课程，为八年级学生开设了青春期感恩励志教育系列课程，为九年级毕业生开设离校课程。学段契机系列课程的开设，为学生顺利度过初中阶段的学习奠定了坚实的基础，也促进了学校德育质量的进一步提高。

2. 多样的体育美育课程

郑州市第八中学校园里醒目地张贴着蔡元培先生的话：完全人格，首在体育。因此，开齐开足体育课程，保障阳光大课间和每天一小时体育锻炼，让学生掌握一两项体育运动技能，是郑州八中体育人的基础要求。

美育是审美教育也是情操教育和心灵教育，其与德育、智育、体育、劳动教育相辅相成，相互促进。学校加强美育课程建设，并利用家长资源、社会资源，开展丰富的地方特色艺术教育，戏曲、歌剧、武术进校园。

3. 丰富的劳动实践课程

“习劳知感恩”，学校重视劳动教育课程的开发和实施。保障综合实践活动课的课时安排，研学旅行课程的多样化开展，综合实践基地的阶段化体验，寒暑假的个性化社会实践活动，构成了郑州市第八中学丰富的劳动实践课程，让学生在社会公益活动、文化体验活动、志愿服务活动、社区服务活动中感受劳动的意义和价值，培养吃苦耐劳的精神品质。

4. 前沿的创客教育课程

创客教育旨在培养学生的创新精神和实践能力，郑州市第八中学在创客教育课程建设上一直走在前沿。在本世纪之初就着手建立了属于自己的综合实践基地，后来又开发实施了暑期科学套餐，旨在培养学生的实践能力。近年来，学校又搭乘国家、省市创客教育的东风，开启了创客教育再探索。学校投资建设了高标准的创客空间、航空模型教室、机器人教室、手工艺术制作教室，组建机器人社团、航模社团、科技创新社团、手工漫时光社团，举办创客文化艺术节，培养了学生勇于探索的创新精神和善于解决问题的实践能力，促进了学生的可持续发展。

著名作家梁晓声曾说：文化是根植于内心的修养，是无须提醒的自觉，是以约束为前提的自由，是为别人着想的善良。郑州八中人在学校的发展历程中，孜孜不倦地追求，期待用校园文化引领师生精神成长，涵养师生的精神品相。

叶小耀 郑州市第四十七高级中学
党委书记、校长

中小学正高级教师，国家特约教育督导员，教育部首期中小学名校长领航工程名校长，全国特色教育先进工作者，河南省教育厅优秀教育管理人才，河南省名校长。

文化彰道　归本以厚

学校是传授知识、传递技能、传播思想、传承文明的地方。学校不仅仅是物质的，不是有了校园、有了教室、有了课桌，就有了学校。梅贻琦校长说的“所谓大学者，非谓有大楼之谓也”，也就是这个道理。作为坐落于具有三千五百多年文明历史的古老城市新地标上的一所学校，郑州市第四十七中学同样需要文化的浸润，从而焕发出学校厚重的光芒。正是基于这样的思考，2016年，郑州市第四十七中学成立了“学校文化研究中心”，并以此为依托，上下求索，反复论证，积极实践，提炼出了郑州市第四十七中学“厚”文化核心概念。

一、“厚”的文化意义及内涵——文化核心解读

学校文化的核心是学校精神和观念文化，学校文化必须具有导向功能、凝聚功能、规范功能和生发功能。基于此，我们选择“厚”作为学校文化核心词。

2018年全国教育大会上，习近平总书记强调，学校教育要在坚定理想信念、

厚植爱国主义情怀、加强品德修养、增长知识见识、培养奋斗精神、增强综合素质、弘扬劳动精神等七个方面下功夫，促进学生全面发展。打通了教育目的和教育实施的路径。如何依托七大路径实现培养“全面发展的人”的教育要求？我们认为“厚”能够有效促成立德树人方向性和实践性的统一。

二、“厚”文化建设的推进设计——文化实施路径

如何推进“厚”文化建设，还需要回归到作为校长对“学校”概念认识的源头。“学校”一词起源于拉丁文，原意是“闲暇”。“学校”是指师生共度的一段优雅、悠闲的时光。我很欣赏一个定义：“学校是学生寻找伙伴同行的地方。”学校的主体是学生，学校的目的是引导学生的全面发展，学校的核心是营造促进生命成长的生态，学校的意义是一同行走、成长，向未来，向远方。当下的教育改革从本质上讲就是向着教育的原点——“人”的回归。借此，我们认为“成全式”的学校教育必须具有五大要素：

一是学校必须具有崇厚的主体认知，充分承认并尊重学生的主体地位。只有当学校里学生的主体地位确立了，学生的成长需求才会充分展露。

二是学校需要具有雄厚的师资力量，具有能够陪伴并引导学生成长的专业化教师团队。教师是推动教育改革和学校发展的核心力量，一支有理想信念、道德情操、扎实学识、仁爱之心的高水平教师队伍是学生成长的支持力量。

三是学校需要具有丰厚的课程体系，能够满足学生多样发展需求。学生个性化的发展必须以多样化、选择性的课程为依托，选课、走班必须成为教学组织的新样态。

四是学校需要具有浓厚的文化氛围，为学生营造和谐健康的成长环境。什么样的人文环境，成就学生什么样的底蕴和视野，人文环境是学校看不见的软课程。

五是学校要努力增厚学生的学习兴趣，呵护并激发学生探索未来的欲望和激情。随着技术的发展，知识的传播方式发生了颠覆性变革，学习正在被重新定义。

基于此，郑州市第四十七中学确定了“一厚两向四重”发展设计。“一厚”

即“厚文化”的全面统领；“两向”就是厚化的方式，即向上的生长和追寻、向下的扎根与积累。“四重”就是“厚文化”建设的四个着重，即“厚德、厚体、厚行、厚园”。

1. 以“厚”为指引，确立发展方向

教育的发展应该是双向的。要有向内的探求，向下的扎根，汲取知识养分；同时也要有向外的探索，向上的生长。郑州市第四十七中学“仰望星空、脚踏实地”的校训，以地承德，探天归厚、追求高远。“仰望星空”透露着我们对真理、正义、自由、博爱的追求之志；“脚踏实地”是实事求是、求真务实、身体力行的具体要求。在“厚化”的路径指引下，作为全省唯一一所国际特色示范学校，郑州市第四十七中学确立了“扎根中原文化，拓展国际视野”的基础教育国际化发展方向。

一方面我们不断深化中国传统文化教育。以“诗经苑”为主题，全面设计提升学校环境建设。以“风雅颂”为主题内容，按照“赋比兴”的表达方式，让《诗经》的所有花草在校园绽放，让诗经中的经典场景在学校重现；以“孔子周游列国”为路径，打造经典校本研学品牌。

另一方面我们持续拓展学生成长发展路径。模联活动、机器人大赛、创客空间、文化交流，我们创造一个个机会，让学生走出校门去开拓，去实践；AFS 交流、中法留学生互换、中美项目、中新项目、中澳项目，我们打开一条条通道，让学生走出国门去感受。

2. 以“厚”为核心，丰盈学校文化

学校由外至里、由浅入深、由点到面，围绕“厚”文化发展核心，对学校文化进行了全面梳理、提炼、丰盈。

一是“厚德”以“载物”。郑州市第四十七中学对学校德育工作进行了三个方面的设计：“获得知识技能过程中向善、向上的情感体验和心灵感悟；教师群体的言传身教；学校文化氛围的情操陶冶。”从师生关系上确立了“厚德、博学、爱生、乐业”的教风和“勤学、慎思、明辨、笃行”的学风；从组织建设上构建了人人参与的“全覆盖”德育体系；从实施层面上形成了“课程育人、文化育人、活动育人、实践育人、管理育人、协同育人”的“大德育”

路径。

二是“厚体”以“承思”。“诚信、求真、健体、尚美”的校风就是四十七中人的身影——以强健之体魄，坚定之信诺，执着于对真、善、美的追求。郑州市第四十七中学将“运动处方”教学和“大课间”紧密结合，“全天”开放体育场馆，“全天候”开设体育课，即便高三年级体育课也要上到高考前夕。学校积极引导更多学生参与运动、热爱运动，养成终身运动的健康习惯，掌握伴随终身的运动技能。

三是“厚行”以“致远”。“凡为教，目的在于达到不需要教。”让师生具有主动创造精神，使之能做事、会发展，是学校教育的最高境界。自能过程就是“自厚”过程，自能教育就是把教育回归“人”的起点，就是构建以人为本的自主管理模式及教育教学模式，营造人文化教学、人性化管理、人情化服务的教育氛围。

自能发展的前提是给发展者以广阔的舞台。郑州市第四十七中学的管理方式是能交给学生的老师决不插手，能放给年级的学校决不干预，学科组就能处理的学校大力支持。在学生发展层面，郑州市第四十七中学的学生社团学生自营，团学阵地团委自管，学校图书馆、电视台、广播站、创客空间、功能教室全部交由学生管理；五四演讲、科技体育艺术节、社团展演，全部由学生自己组织。在学校管理层面，我们抓好“双轮”，全面下沉。在行政管理方面放权年级管委会主任，在学科发展方面赋能教研组长。

四是“厚园”以“丰物”。郑州市第四十七中学提出了“美丽整洁的花园、和谐温馨的家园、平等对话的学园和师生共长的乐园”的“四园”发展愿景，不断厚化校园内涵，激发学校环境育人、真情化人功能，充分发挥学校育人主阵地功能。

3. 以“厚”为引领，丰富办学内涵

近年来，学校围绕“立德树人”根本任务，以“厚”文化建设为指引，以“四园”建设为目标，分别确立了教师引领提升工程、课程体系建设工程、校园文化涵养工程、智慧校园建设工程、创客教育建设工程、国际理解教育提升工程等六大重点工程，带动学校办学内涵的全面提升。

教师引领效果初显。学校修订完善了《郑州市第四十七中学学科及班级建设名师引领方案》，制订《最美教师评选方案》，全面提升了学校教师业务能力，学校形成年富力强、经验丰富的中青年教师为主体的强大的师资阵容。

课程建设构架完成。学校全面加强教研组建设，深入改革教研管理模式，各学科增设一名教研副组长，直接负责学科课程建设。各学科以大单元整体设计、任务群、项目式学习建构学科核心素养，以校本课程完善课程体系，先后开发了“地理室外活动研究课”“剪纸艺术”等五十多门校本课程。

校园文化氛围日浓。在环境文化建设方面，近年来，学校先后完成了学校图书馆文化升级、书香校园整体设计、校园文化景观设置，校园环境文化建设及其浸润效果已初见成效。在制度文化建设方面，我们积极探索法人结构治理改革，全面梳理修订学校管理制度，构建了 ISO9001 质量管理体系，从制度层面加强了学校管理“严、正、引、推”的作用。

智慧校园稳步推进。学校智慧管理系统基础平台一期建设已经完成。我校打造了智慧校园互动交流核心平台，拥有了学校的专属 APP。基于大数据评价的教学模式全面推进，智慧课堂成果初现，课堂教学效果有效提升。

创客教育成效明显。学校创客空间设施设备不断升级，实验室利用率明显提高。同时，学校组建了创客教育教研组，专业指导学生创新实践，设计创客课程。目前，我校创客空间已经初具规模，2018 年，被评为河南省创客示范学校。

国际课程丰富多彩。学校国际理解教育不断向规范、纵深方向发展。积极探索双语课堂模式，实现了中西文化的互动交融，提升了课堂教学的品质和内涵。汇编出版《国际理解教育系列课程精选》，在国外开设孔子课堂，进一步丰富了国际理解教育课程内容。

德国教育家雅斯贝尔斯说，人的回归才是教育改革的基本条件。教育必定是将“对人的生命的成全”作为终极价值追求。今天，我们的实践一定不是最完美的，但我们一定会坚守“教育向人回归”的立场，并努力前行。

梁寅峰 郑州市第十九中学校长

主持郑州市名校长工作室4年以上。河南省学科技术带头人，河南省教育厅优秀教育管理人才，河南省教师教育专家，河南省教育系统先进工作者，郑州市专业技术拔尖人才，郑州市优秀教育工作者。

人文办学特色的探索与实践

"人文"一词，在英文中是humanism，通常译作人本主义、人文主义；在中文语境中，一方面强调的是人之为人的内修，另一方面指的是诗书礼乐等文化形式。郑州市第十九中学基于学校的历史和现实，在长期办学过程中，经过提炼、论证、分析，明确了"人文办学特色"的发展方向，在学校管理、教育教学、队伍建设、校园文化等方面着力彰显学校的人文特性，形成了以"人文"为突出风格的价值选择与追求。

一、构建人文特色的学校发展理念

郑州市第十九中学创建于1956年，是解放后政府出资创办的郑州第一所公立完全中学，初名"河南省郑州第一中学"，1958年更为现名。学校创办之初，就引领时代风尚，站在当时教育发展的最前沿，积淀了优良的办学传统和丰厚的文化底蕴，取得了突出的办学成绩。

2011年4月，我任郑州市第十九中学校长。在这近十年的办学实践中，我坚守办人文特色教育的初心，带领学校干部、教师落实这个办学信念，以教师为本，以学生为本，回归“人的教育”，对学校的管理建设、教师队伍、教育教学乃至校园文化等方面，进行了持续不断的探索与建设。

新的发展阶段，落实人文办学的理念，学校树立了“发展学校、发展教师、发展学生”的教育发展观，倡导践行“仰望星空、崇尚实干”的学校精神，把“依靠教师、民主办学”贯穿于学校管理的方方面面，体现在师生生活的全过程，激励全体师生志存高远、踏实勤奋，教师发展、学生成长与学校的发展壮大同频共振、和谐共生，实现各方利益的最大化，构建起学校发展的共同体。

学校弘扬善于激励、精于育人的教风，勤奋进取、持之以恒的学风，文明向上、严肃活泼的校风，确立“三健、三高” 的培养目标，希望每一位学生都能成长为一个身心健康、体格健美、人格健全，言行高雅、气质高贵、品德高尚的人，希望女孩子都能成为淑女，男孩子都能成为绅士。在贯彻落实党和国家教育方针的学校实践中，促进人的全面健康发展。

二、形成学校人文特色的发展机制

学校依据民主、平等、公正的原则进行学校制度重建，完善教代会、教职工大会、基层教育工会、学生会、共青团和家长委员会等组织，充分发挥这些组织在学校管理中的作用。大力推行党务校务公开，提高社会、家长、教师和学生对学校制度建设和日常管理的参与度，使学校管理适应学生发展的需求，有利于教师专业化成长。以新课程理念为指导，以促进学生发展、教师专业成长为目标，突出以人为本，体现人文精神，进行教师日常管理、教育教学常规管理、教育教学质量评估，开展班主任工作、职称评聘、评优创先等方面的校内改革。

编制民主规范的行为手册。学校一切教育教学管理活动，实际上要解决的是人的问题。我们关注人的权利、人的自由、人的尊严以及人的全面发展，相继出台了《办学章程》《干部十项纪律和十项要求》《教职工量化考核管理办法》《学生行为手册》等规章制度，在实际运行中，树立干部的高标意识、看齐意识，向一线倾斜，向班主任倾斜，把尊重、民主寓于严格有序的管理过程之中，消减管与被管的疏离感，彰显人文关怀。

创设民主包容的人文气场。学校领导班子注重教育教学理念的引领，干部经常深入班级、教师和学科组，在每天早来晚走的陪伴中着力营造着一种奋发向上、拼搏奋斗的团队氛围。我们把依法治校和以德治校有机地结合起来，让教师和学生参与到学校的管理中，充分相信师生自己做主的潜能，每年的教代会、学代会都充分调动全体教职工和学生的参与热情。教代会议案经过几上几下充分研讨，经主席团审议形成决议案后，由负责的副校级干部进行答复并在工作中贯彻实施。学代会也严肃认真，改进了学校的管理与服务。

培育教师的专业文化素养。学校着力为教师发现幸福之源，疏通心灵之泉，营造快乐之境。从机制上尊重教师的职业尊严，课堂自主、管理自觉，给教师自主的空间，强调教师要焕发成长、成才的活力，守住心灵的宁静。系统化地设计教师专业成长，每年开展“零起点、高定位”的青年教师岗前培训，评选青年教师希望之星；发挥优秀教师资源，开展“扬师德、铸师魂”报告活动；连年举行班主任论坛、毕业年级教学研讨活动，专家引领、同伴互助，提高教师教育教学能力。学校实施教师专业梯级攀升计划，培养省市级名师、骨干教师、学校首席教师和中青年名师，造就“草根”专家、教师领袖，靠群体的价值认同和凝聚力发挥核心导向。

三、建设人文特色突出的课程体系

课程是学校建设的重要载体，是学生发展的重要支撑。学校认真研究国家基础性课程，寻找国家课程与人文办学特色的融合点，通过系列化课程设计，培养学生的人文精神，彰显人文办学特色。

1. 加强国家课程校本化研究

学校在落实国家、地方课程基础上，充分挖掘校内外教育资源，突出校本课程开发，构建涵盖国家、地方、校本三级的人文课程体系。学科立足于对国家和地方课程的二度开发，重组课程内容，研究人文精神和科学主义在课程建设中的和谐共生，致力于挖掘学生生活世界的内容，引领学生价值观的形成，帮助学生健康成长。

人文课程的研究与实施。加强语文、历史、政治、艺术等人文学科方面的教育，着力提高学生的文化品位、审美情趣、人文素养。实施人文课程的校本研究，把民族美德教育、生命教育、理想教育融入课程，研发校本教材《民族的密码》，开展“感恩教育”系列活动，激发学生内心的人文情怀，彰显学生的人文素养。

基于科学课程的人文素养研究。中学阶段自然科学课程，主要讲物质世界运动变化的规律，并应用这些规律为生产和生活服务，处理的基本上是“物”。但是在探求未知世界和应用客观规律来为人类的生产与生活服务的活动中都涉及人与人的关系，涉及人与自然的关系，这些关系包含着人文因素。学校教育就要引导学生，正确对待自我、他人、社会和自然，培养学生对群体和社会有责任感，与自然和谐相处。

2. 课程化设计学生校园文化生活

学校以规则意识和个性化发展为重点，尊重学生的差异，加强学生自主管理教育，突出民主管理，管理中多一些人文情怀、人文关怀。

营造典雅大气的书香气韵。学校着力打造书香校园文化，高标准进行图书馆建设，设置自助式图书借阅设备，班级设置图书角，开放阅览室，开设阅读课程，定期进行读书交流展示和读书沙龙活动，开办百花讲坛、陇海讲坛，激活师生的读书热情，砥砺人文思想的锋芒。

开展丰富多彩的社团活动。学校鼓励支持学生自主成立了文学社、动漫社、街舞社、星空合唱团、模联社、校园广播站、风云时政社等四十多个学生社团，经常开展社团活动，每年组织春日放歌活动、远足活动，形成了较为稳定的社团运行模式，丰富了学生的课余生活，激发了学生的主动性和创造性，实现学生自我发展效益的最大化。

打造人文气息的学代会议。每学年新学期，学校政教处、团委、学生会便开始筹备新一届学代会。按照民主集中制的原则，自下而上，选举参会代表，同时面向全校学生征集有关学校管理的提案，并由部门主任进行整理答复，使学校教育更贴近教师、贴近学生，让学生更加有秩序、制度化地参与到学生管理和学校管理中来，开展学生民主治校的实践。

四、加强人文特色建设的实践研究

贯彻新课程改革理念，学校以校长为总课题负责人，带领学校干部、教师，开展“人文特色”的实践研究，教师团队着力在课堂教学研究中彰显人文主义特色，追求一种朴实平和的人本教育，把知识转化为孩子的智慧，把文化沉淀为人格。

遵循规律，差异化发展。教学中强调遵循教育规律，尊重人的差异。从现实出发，关注学生的真实体验，关注学生的课堂民主，唤醒学生心中求真向善的力量。学生个体具有独特性，禀赋不同，彼此间的生活背景、生命体验也是不一样的。不苛求学生整齐划一才是生命的常态，也是教育应然的本原状态。我们很渴望每一个学生都取得优异成绩，考上理想学校，但我们更倡导教育者的情怀，在具体细微的日常教育教学活动中，尊重学生个性，弘扬真善美，引导学生不断成长。

倡导民主，人文化教学。课堂教学以学生为本，重视学生的学习自主权，梳理出“先学、展示、交流、总结”的一般课堂流程，推进教学评的一致性，通过师生讨论、提问引导、启发诱思、问题解决等环节，使课堂教学成为师生共建、生动活泼、宽松愉悦的教学相长的过程。

正是全体十九中人的齐心努力，学校在连续十五年被评为郑州市教育教学先进单位和郑州市德育工作先进单位的同时，又多次被评为河南省文明单位、文明校园和郑州市平安建设先进单位，不仅丰富和提升了学校的办学内涵，而且给老师们带来了荣誉和实惠，增添了动力与活力。但我们知道，在探求学校人文特色发展的道路上，每一个人都有着说不完的动人故事，校园的每一个角落的景致还都需要我们精心打造，我们任重而道远，永远在路上。

李国喜 郑州市第一零一中学校长

河南省名校长，河南省中小学幼儿园教师教育专家，郑州市优秀教师。郑州市优秀教育工作者。

以学校文化引领学校可持续发展

众所周知，管理的三个层次分别是制度管理、人文管理和文化管理，其最高境界就是文化管理。**文化管理的基本原理就是以文化人，运用长期形成的向上向善的元素营造积极的文化氛围，引导员工从心灵深处共同遵循单位的基本规则，行为指向单位的共同愿景。**

一、“学行文化”的提出

为了凝心聚力，促进学校可持续发展，对近九十年的学校文化进行梳理整合，赋予其与时俱进的内涵，并在学校建设、学生管理、课程建设、教师专业提升、课堂形态等方面予以体现，明确提出学校的“学行文化”建设就成了学校的必然选择。为此，学校成立了“郑州市第一零一中学学校文化课题研究组”，由校长牵头，成员包括学校管理各方面的成员。

文化是长期发展的沉淀，是优良品质的凝练。从 1929 年建校到 2005 年移交地方政府，铁路文化之“公共意识、安全意识、服务意识、效率意识、革新意识”已经融入了学校的血脉。学校先后经历了“铁道部部立郑州扶轮中学”“郑州铁路中学”“郑州铁路一中”和“郑州市第一零一中学”几个大的发展阶段，建校于郑州，辗转汉中、宝鸡、西安，新中国成立后又迁回郑州。学校教育教学成果始终处于铁路系统前列，培养出了以陈陵、汪秋逸、王梦恕为代表的一大批各界精英，学校宝贵的办学经验已经沉淀出熠熠生辉的文化财富。基于历史，基于发展需要，学校提出了“学行文化”概念，通过近几年的实践研究，初步形成了具有校本特色的文化体系。

“学行文化”，是以“学为万人役，行率天下先”为核心内容的郑州市第一零一中学近九十年传统文化的浓缩和概括，其核心内涵就是立志高远、勤奋向学、心怀大众、仁爱奉献、敢为人先，是新时代知行合一、立德树人的育人文化。“学为万人役，行率天下先”简而言之就是：学习为大众服务，行为做世人表率。学校把“学为万人役，行率天下先”上升为立校精神，并渗透在学校各项工作中，并在此基础上确立了“敦品励学，笃志允能”的校训。

二、“学行文化”改变了学校

（一）“学行文化”塑造了美丽校园环境

按照“学行文化”的基本要求，着手对校园环境和文化景观进行精心布置，优化学校的环境识别系统。

1. 校园基本建设体现“学行文化”

新校区二层连廊中部的蒸汽机车造型以及北端的动车车头造型，既结合了学校的铁路历史，也体现着学校的高速发展，同时为课题的推进奠定了良好的物质基础。

学校把“学为万人役，行率天下先”的立校精神镌刻于大门的影壁墙上，把校徽和“敦品励学，笃志允能”的校训高悬于大门正上方，时刻提醒每一位师生要为大众奉献，做世人表率，并牢记初心，来为求知，去做栋梁。在学校大门两侧，建了两个大型墙壁浮雕，讲述着学校的发展历史和办学理念。在行先楼一楼，建造了七百多平方米的校史馆，校史馆是学校文化教育与传播的主要载体。在惜时钟广场，建造了帆船水系，把学校发展的四个阶段铭刻在船帆上，并以信息学基本符号装饰连接历史与未来。

2. 让道路、楼宇凸显“学行文化”的育人功能

一年来，学校依据“学行文化”的基本设想，在广泛征集师生建议的基础上完成了校园楼宇与道路的命名。楼宇依据“学行”二字，分别命名为“行先楼”“行健楼”“致学楼”“诚学楼”“正学楼”“问学馆”等。校园道路按照学校历史变迁命名，如“扶轮北路”“扶轮南路”“郑县路”“褒城路”“汉中路”“蔡家坡路”等。

3. 注重细节空间，提升校园文化品位

在文化氛围的营造上，细节往往更能让人回味，更能给人以情感的触动。

在北校区的二楼长廊内部，学校按照火车车厢内部装饰设计，到站牌、行李架一下子就把学生带入了铁路文化之中；在校史馆的休息区，用不同时期的列车车座装饰，非常具有带入感；在南校区的长廊顶部，也以绿皮车车顶样式设计，提醒着师生学校的特色。

学校在迁往新校区的过程中，注重情感的呵护与历史的传承。把老校区金钥匙雕塑、智慧之光雕塑完整地迁移到新校区，把惜时钟和凌霄花架按原来的理念重建，把重要树木、花卉如广玉兰、金桂、白皮松、龙爪槐、牡丹等移栽到新校区，以保护学校历史的物质载体。

学校这种文化氛围，对身在其中的教师和学生有着强大的教育、导向、凝聚、激励、约束、辐射等功能。

（二）“学行文化”塑造了德育特色

学校以“学行文化”统领学校德育主线脉络，围绕立志高远、勤奋向学、心怀大众、仁爱奉献、敢为人先的“学行文化”内涵做文章，形成学校特色德育。

1. “校当家”活动：服务集体与他人，增强责任与能力

常规管理的检查评分与秩序维护成为全校每一位学生的事情，学生参与到管理的方方面面。一年来，有一千六百余人参与“校当家”活动，学生在活动中换位思考，转变思想，互相影响，实现了教育效果的最佳化。

2. 学生生涯发展指导：认识自我、胸怀抱负、挖掘潜能、主动发展

根据“学行文化”中“立志高远、勤奋向学”这一内涵，开展生涯教育。

以点带面开展生涯教育校本课程、社团活动，如科学艺术节、学科节、体育节、社会实践、研究性学习、仪式课程等。同时又不断创新相关生涯活动：心理健康周、生涯人物访谈与职业体验、家长及优秀毕业生资源的利用、入学入境教育、高一学生发展指导、学海争鸣、我读我在、午后闻声、轮声大讲堂等相关生涯活动也成为学校的德育载体。一年来共有二百六十人次参与午后闻声朗读；举办八期我读我在，参与学生一千一百余人；开设生涯指导课 36 节，成立生涯指导社团一个；举办四期轮声大讲堂，参与学生一千五百余人，对一千二百余名学生进行生涯发展指导。

3. 志愿活动：服务社会，仁爱利他

"服务社会，仁爱利他"是"学行文化"的重要思想与内涵。郑州市第一零一中学两名志愿者代表谢芳园、田亮亮同学和陇海大院的邻居们一起赴中央电视台参与"感动中国"颁奖典礼。学校志愿者的事迹受到《大河报》《郑州日报》《郑州晚报》等多家媒体的报道和好评。越来越多的学生积极参与到志愿服务中来，利用节假日到社区、医院、敬老院、儿童福利院、车站、农民工驻地提供志愿服务、奉献爱心，参与者三百余人次，用行动诠释"服务社会，仁爱利他"的学校文化。

（三）"学行文化"打造了课程体系

在"学为万人役，行率天下先"的立校精神指导下，"学行文化"浸润在学校日常教学过程的每一个细节中，初步形成以"创客教育"为特色和以"发展学生兴趣特长"为主题的校本课程体系。

1. 全体教师基于课标、基于学科核心素养、基于学情，编写导学案

学校印刷覆盖高中各学科必修、选修课的《学行课堂导学案》和《寒暑假校本作业》近五千五百册，录制寒暑假作业微课讲评并在哔哩哔哩等网络平台上传，每年度微课视频讲评浏览量达五千余次，郑州市教育电视台对此还进行了专访。

2. 创客教育走在郑州市前列

郑州市第一零一中学的创客教育以"学行文化"为引领，传承"铁一"精神，

激发学生的热情与希望，让学生拥有梦想与追求，牢记自己的责任与担当，努力打造“学行创客”的教育品牌。

3. 基于学行文化的校本课程面向全校一千八百余名学生开放

30 门精彩课程，30 位魅力老师，形成了校本课程品牌和校本名师。历史学科朱奎鹏老师所开发的校史校本课程“扶轮回响”，深受学生喜爱，荣获“2017 年郑州市校史校本课程一等奖”。

（四）“学行文化”营造了课堂生态

在“学行文化”理念指导下，学校提出并全力打造了“学行课堂”的课堂形态，总结出了基本操作流程：①导入新课，自主先学；②互助探究，以行促学；③教师精讲，点拨提升，讲练结合，学行合一；④小结巩固，以学促行；⑤适时检测，以行验学。

通过学行课堂的研究实践，学校教师教学水平有了显著提高，除了教学成绩的大面积提升之外，文冬晖、许鹏、井源源、张广权等老师在国家、省级优质课比赛中均获得一等奖的优异成绩，一年内有近四十人次在郑州市课堂达标活动中获得一等奖。

（五）“学行文化”促进了教师发展

“学为万人役，行率天下先”要求为师者要有敢为天下先的魄力和勇气、能力与担当，这就需要一支优秀的走在时代前列的教师队伍，因此，学校加大了促进教师专业提升的力度。

学校通过“梯级名师工程”， 培养校内名师、学科带头人，促进了学校中青年教师的快速成长。学校成立了以赵志杰、毋小艳为代表的郑州市名班主任、杰出教师工作室。武丹、金毅、申建中等被评为省级名师。教师队伍的学历结构与年龄结构更加合理，2018 年学校研究生学历的教师人数首次突破教师总人数的 60%，教师的专业素质也在不断提高。全校教师形成了比学赶帮超的态势，一年来先后有四十多名老师在国家、省、市各级优质课比赛和一师一优课活动中获得各级奖励。

学校教育与个人治学或家庭教育相较的最大优势就在于环境的熏陶和文化的浸濡。视善言善行为善，感受文化的力量；歌声笑声读书声，倾听成长的声音。文化是教育的场，也是教育的追求，全力打造有文化的教育，理应成为教育管理者的信仰。

王广英 濮阳市实验中学校长

河南省中小学名校长，河南省教育厅优秀教育管理人才，河南省中小学教师教育专家。在 CN 期刊上发表论文二十余篇。出版有《初中英语入门教学》《走进英语》等著作。

学校本真文化建设初探

文化是学校的灵魂，是学校发展的强大精神支撑，也是学校发展的核心竞争力。近年来，濮阳市实验中学积极探索本真文化建设，以“教育人、培养人、发展人”为目标，以“归本求真、止于至善”为灵魂，打造有品质、有内涵、有底气的“以文化人”的本真教育特色文化。

一、构建“归本求真、止于至善”的校园文化理念

“归本求真”的理念，在于正本清源、道法自然。“止于至善”的理念，旨在中正和合、有为无为，在于与己和谐、与人和谐、与世和谐。与己和谐在于和心、和德、和健、和美；与人和谐在于和师、和生、和群、和众；与世和谐在于和社会、和世事、和天地、和自然。这就要求学校要尊重教育规律，遵循教学规律，尊崇学生成长规律，坚持“一切以师生利益为本，一切以学校发展为重，一切以教育质量为核心”的教育理念，建立“为学生终身发展奠基，为学生一生幸福负责”的办学宗旨，重塑本真教育新教育思路，打造本真文化教育价值追求，这是学校教育教学发展的根本途径。

为构建“归本求真、止于至善”的校园文化理念，我校做了以下几点：第一，确立学校愿景。要使学校成为一所现代化的本真学校，让校园成为学生“知识的学园、成长的乐园、精神的家园”。第二，规划教育目标。长远目标是“学生自主发展、教师专业发展、学校和谐发展”；近期目标是“学生成人成才、教师成名成功、家长信任信赖、社会赞同赞扬”。第三，明确办学宗旨。学校要努力培养学生的家园意识，即爱国、爱家、爱生活；培养学生的大众情怀，即“为天地立心，为苍生立命，为万世开太平，为往圣继绝学”；培养学生的真人本色，即说真话、做真人、办实事。第四，创设校园特色。要让校园文化成为最靓丽的风景，使校园文化成为归本求真的思想文化、止于至善的行为文化、以文化人的制度文化、中正和合的管理文化、终身学习的组织文化、全面发展的育人文化、个性鲜明的课程文化。第五，培养教师精神。要力求使全校教师具有超越自我、追求卓越的进取精神，恪尽职守、精益求精的敬业精神，热爱本职、不计得失的奉献精神，精诚团结、协同作战的合作精神，艰苦奋斗、勤奋务实的创业精神，归本求真、与时俱进的创新精神。

二、明确“本真文化”在学校教育教学中的统领地位

校园本真文化建设不仅为学校提供了一种新的教育方式，更是实现学校教育根本目标的新视角。因此，明确和落实本真文化在学校教育教学中的统领地位，是学校亟待解决的问题。

为使本真文化在学校教育教学中真正做到统领地位，学校做了以下几点：

第一，坚定一个信念，即归本求真，止于至善；开拓进取，历久弥新；可以平凡，绝不可平庸。

第二，力求两个把握。一是把握学校办学规律。教学相长，促进教师专业发展；教研合一，促进质量全面发展。二是把握学生成长规律。突出本真教育主题，完善本真德育工作，做好“成人教育”；突出素质教育核心，解决学习动力、操作和方向三大问题，做好“成才教育”。

第三，发挥三个作用。一是让老教师充分发挥引领作用；二是让中年教师充分发挥骨干作用；三是让青年教师充分发挥主导作用。

第四，实现四个提升。提升教师的专业发展，一是提升专业精神，教育教师有理想信念、有道德情操、有扎实知识、有仁爱之心；二是提升专业知识，优化教师有功底、善创新；三是提升专业能力，强化教师有能力、善思考；四是提升专业品质，促使教师有信仰、有目标。

第五，做到五个坚持。一是坚持校本课程开发，努力实现校本课程科学化、学术化、职业化、生活化；二是坚持“互联网 +”教学，深化课堂有效性实践研究；三是坚持名师名班主任工作室教研联动，加强基于“互联网 +”的校本研修；四是坚持本真智慧课堂的教学研究，加强三轮阶梯跟进式听评课，打造高效课堂；五是坚持小班化教学尝试，探索微课辅导个性化。

第六，完善六项教育。要完善本真品德系列教育，一是培养学生的核心素养；二是训练学生的行为习惯；三是教育学生树立理想信念；四是提升学生的学习策略；五是注重对学生进行法制教育；六是重视对学生进行心理健康疏导。

三、构建校园“本真文化”建设的基本途径

要构建校园本真文化建设，必须坚持“以文化人、以文育人”的教育教学策略。为此，学校努力在以下几个方面狠下功夫：

1. 在打造“书香校园”建设方面狠下功夫

校园文化是一所学校的精神和灵魂，学校要以“书香校园”建设为文化特色，努力建成富有文化内涵的现代化美丽校园。最美的校园里，不能缺少书香，打造“书香校园”，就要让校园处处有景点，处处有经典，处处有特色，处处有品位，处处有内涵，处处有哲思，处处有文化，处处有精神，使师生身心浸润在高雅的文化氛围中备受感染和熏陶。

2. 在增强师生文化自信方面狠下功夫

文化是一个国家、一个民族持久发展的不竭动力，也是一所学校不断发展的重要支撑。学校要充分重视师生的文化自信教育，一方面，学校按照义务教育现代化学校一类标准完善图书馆、阅览室资源建设，为师生提供丰富的精品图书；充实完善班级图书角，让图书进教室，为学生阅读提供便利；

设立图书漂流站，建立班级间、学生间的图书漂流机制，实现图书资源的共享。另一方面，学校每学期要定期举行经典诵读比赛、读书演讲比赛、课本剧演出、名著知识竞答等丰富多彩的读书活动，为全校师生提供丰富多彩的文化盛宴。

3. 在切实改进学校德育工作方面狠下功夫

学校要着眼于提升全校师生的思想政治素质，把理想信念教育放在首位，用正确的政治方向、价值导向贯穿立校办学、育人育才的全过程。首先，要规范学校德育工作机制，完善学校本真德育工作体系，使学校本真德育系列化工作更加精细，切实改善校园文化生活，为学生成长成才搭建平台。其次，学校要坚持以社会主义核心价值观为统领，把社会主义核心价值观的“德”内化于精神追求，外化为实际行动，使社会主义核心价值观融入教育教学之中。再次，学校要发挥思想品德理论课这个主渠道的作用，充分发挥思想品德课立德树人的独特育人功效，并尽可能与其他课程协同育人。最后，学校建立并不断完善学生社团和综合实践课程，系统打造校园文化生活。组建合唱、国画、足球、朗诵、古琴、书法、武术等社团，为学生搭建更为广阔的展示平台；开发“跟着课本去研学”活动课程，开展学校研学活动；开设名人讲堂、学生讲堂、家校联谊课堂等，让“让优秀者领跑，让所有人优秀”的理念尽早变成现实，以此打造学校办学特色，展示学生的青春风采。

4. 在有效提升班级文化建设方面狠下功夫

所谓班级文化，即学生在班级的学习生活中所形成的物质文化与精神文化的总和。班级文化是班级的灵魂所在，是班级生存和发展的动力。班级文化就像春天的阳光，使整个班级充满生机、温馨有序，使每位学生暖意融融、幸福快乐。因此，营造良好的、健康的班级文化是班主任的神圣职责。

第一，要构建良好的班级物质文化。学校要求各个班级一方面要配齐教室设施，优化教室布置，设计班级标志；另一方面要美化班级环境，布置教室墙面标语，办好黑板报和墙报，建立班级光荣榜，打造班级赏识文化。

第二，要打造优良的班级行为文化，包括行为方式、班级活动等。开展富有特色的班级活动，一要解放思想，将活动的主动权交给学生；二要开展特色主题班队会活动；三要开展有益有趣、形式多样、内容健康的文化活动；

四要开展丰富多彩的校外活动。

第三，要制订规范的班级制度文化，包括班级组织、班级制度等。一要从学生的需要出发，让同学们认识到制订各种制度的目的不是为了束缚他们，而是为了保证班级所有成员的切身利益；二要体现民主，让学生通过讨论制订出符合班级实际的规章制度。

第四，要培养班级健康的精神文化，包括班级精神（班训、班歌）、班级形象（班风、班貌）等。一要塑造概括力强、震撼力强、号召力强的核心精神，使全体学生有明确的奋斗目标；二要拟定班训，形成激励全班学生勤奋学习、刻苦自励的标语；三要提出班级口号，以凝聚全班同学积极向上的精神力量。

学校通过“归本求真、止于至善”的学校本真文化建设，使广大教师明确了“以文化人、以文育人”的本真教育教学理念，使全体教职工秉承“校长服务于教师、教师服务于学生，后勤服务于教学、学校服务于社会”的本真服务理念，让全体学生在本真文化教育的美丽环境下努力学习，茁壮成长。

吕中伟　开封市金明中小学校长
开封市第十二中学校长

中小学高级教师，河南省中小学名校长，河南省教育厅优秀教育管理人才，河南省优秀教师。

弘扬金明文化　点亮金明品牌

开封市金明中小学是一所九年义务教育一体化公立学校，开封市金明中学创建于1995年，开封市金明小学成立于1999年，2012年整合原十二中为金明中学南校，2016年新建成金明中学西校，形成三个校区、四个校部的集团化办学格局，目前共有教职工六百余名、在校生万余名。

在金明中小学创业与发展的整个进程中，鲜活而厚重的校园文化始终是金明的亮点和强项，成为金明人的精神财富和力量源泉，成为金明学校内在的凝聚力和驱动力，成为社会各界认可金明的关键性标志，成为学生及家长信赖金明的决定性因素。

一、沿革

1995年，在开封教育改革发展的大潮中，市委市政府决定在当时尚未开发的西部城区建设一所“城西新建中学”，后因地处北宋皇家名苑“金明池”遗址而定名为“开封市金明中学”。第一代金明创业者高扬校园文化大旗，创设出“辟一片荒野，创一份基业，倾一腔赤诚，育一代栋梁”“营造金明小气候，创造金明大家庭”“从严治校，从严治学，从严治班；严中有情，严中有爱，严中有法”等校园文化，打响了享誉全市的“金明精神”——艰苦奋斗的创业精神，团结一致的协作精神，不计名利的奉献精神，争创一流的拼搏精神。

二十多年间，开封市金明中小学与时俱进地陆续制订出“创建人文环境，构建和谐学校”的办学目标、“实施精细化管理，实现内涵式发展”的办学理念、“以生为本，以师为本，以校为本”的办学宗旨、“开辟创新性理念，开发创新性课程，开展创新性德育，开拓创新性文化”的办学途径、“文化立校，管理强校，质量兴校”的办学方略和以“宽教育”为核心理念的校园文化。

二、定位

历经二十余年的积淀，金明文化在不断地总结和完善、整合与扬弃中，逐渐形成了丰富的内涵和鲜活的特色，主要体现在三方面：

“宋文化”底蕴。开封市金明中小学因金明池遗址而得名，“金池夜雨”曾是著名的“汴京八景”之一，极尽繁华，历尽沧桑，飘逸着千百年风情。也许，这块“风水宝地”深厚的历史文化底蕴，给新兴的金明中学积淀起难以形容、难以估量的灵韵和灵秀，使金明学校得以快速崛起、迅猛发展。

“宽教育”理念。“宽教育”是以“宽”为手段和以“宽”为目的的素质教育实践样态，涵盖宽德育、宽课程、宽课堂、宽教师、宽管理等诸多方面，讲求宽容的个性、宽松的氛围、宽广的课程、宽阔的思路、宽宏的智慧。宽教育实施以来取得了一定的成效，但在实践中也逐步发现存在着目标空泛、操作空洞等问题。

“新发展”思路。探索无尽期，发展无止境，校园文化建设始终在路上。学校明确金明目前所处位置及发展愿景，努力以校园文化建设为切入点和制高点，研讨出一系列切合实际、切实可行的方案和举措，实施精细化管理，实现内涵式发展，做金明形象代言人，做有情有义金明人，努力创建理念先进、方法科学、特色鲜明、成果卓著的品牌学校。

综合上述三个特色，经认真思考及反复研讨，金明中小学下阶段校园文化建设的目标定位为：创立并完善以“宋文化”为底蕴、“宽教育”为理念、“新发展”为思路的三位一体的金明文化，创建以金明文化为标志及内核的品牌学校，让金明文化为金明中小学的持续发展和创新发展开路导航、保驾护航。

三、构成

校园文化建设既需要营造声势、渲染氛围，也需要潜移默化、润物无声。金明的校园文化涵盖环境文化、建筑文化、管理文化、课堂文化、体艺文化、社团文化等多个层面，前两项可称之为“硬文化”，后四项则为“软文化”。

“硬文化”方面，金明十分注重自然环境和人文环境建设，营造适宜学生成长的条件和氛围。学校大力开展绿化、美化、教育化、艺术化工程，校本部陆续建成中学教学区、小学教学区和体艺中心区三大景区，亭台楼阁、雕塑小品、宣传版面坐落于草坪花坛之间，每一处景点都呈现出生机勃勃、情趣盎然的景象；南校部和西校部也十分注重建筑文化和环境文化建设，努力做到“一砖一瓦皆表意，一草一木总关情”，让学生每时每刻都能感受文化的濡养、享受文化的熏陶。

“软文化”方面，金明中小学不断加强管理文化、课堂文化、体艺文化、社团文化建设。管理文化上，学校制订出校训、校风、教风、学风、学校办学目标、教师发展目标、学生培养目标等系列管理文化，充分发挥党、政、工、团、队的职能作用及教代会的主渠道作用，加强领导班子建设、党风廉政建设、法制建设、行风建设、校园安全建设、家校共育建设，健全校长负责制和各部门目标责任制，实施精细化管理制度和文明处室组评比制度，加强干部队伍年轻化建设和高素质教师队伍建设，全力打造文化型、书香型、平安型、文明型的和谐学校。课堂文化上，学校注重依法治校、立德树人工作，开发德育资源、丰富德育内容、改进德育方法，努力构建具有开封特色和金明特色的德育体系；注重课程改革和素质教育，全面贯彻落实学校关于教学目标、教学内容、教学方法、教学手段、教学评价等方面的要求，面向全体学生，维护学生的尊严和权益，使学生增强动力、减轻压力，学有所得、学有所成。体艺文化和社团文化上，学校着眼于提高学生各方面的综合素质，关注学生的全身心健康和全身心发展，每年举办春季田径运动会、秋季达标运动会、冬季“金明杯”系列体育活动、新年联欢会、清明经典诗文朗诵会、菊花艺术节及各类节日系列活动；学校成立有各种学生社团，开展丰富多彩的社团活动，使学生接受教育、经受锻炼。

四、愿景

在培育和弘扬金明文化的过程中，要坚持以下三项原则：

特色性与普适性相结合的原则。随着集团化办学工作的运作，学校规模越来越大，师生人数越来越多，新进教师往往由于了解不深和认知不够而缺乏对金明的归属感和荣辱观。学校应以金明文化为引领，将金明文化的特色性与普适性有机结合，强化“四个校部，一个金明”的准则、“校兴我兴，校荣我荣”的情怀，增强学校的向心力和凝聚力，使金明文化适用于每一个校部、作用于每一位师生，把个人成长融汇于学校发展之中。

求实性与情理性相结合的原则。金明文化坚持实事求是、务本求实精神，针对金明学校的发展路径及金明师生的实际情况，力求发挥其实践性、实用性、实效性之效能。在金明文化引领和指导下，学校各项规章制度和各项具体工作必须切合金明实际、规范师生行为，让制度文化和管理文化对全校师生起到积极的引导、约束和促进作用，任何人都要按规矩来、按制度办；同时，学校倡导“做金明形象代言人”“做有情有义金明人”，切实关心爱护每一位教职员工。

传承性与创新性相结合的原则。金明文化是金明中小学薪火相传的“传家宝”，应当具有鲜明的金明烙印，应当在广泛的实践中为金明师生所认同、所信服、所接受，内化为自身认知和自觉行动，因而不能简单地以“拿来主义”生搬硬套外来元素，不能生硬割裂金明文化的延续性和传承性。

学校要将金明文化渗透到环境建设、制度建设、课程管理、活动开展等方方面面的工作中：

一是学校文化布局和文化产品的设计、制作要有统筹规划，避免随意性，在文化建设方面同样需要考虑安全、美观、实用和可持续性。

二是在学校的制度建设方面，不求大而全，只求有针对性，要针对学校存在的问题，在完善制度的基础上，发挥制度补漏洞的作用。

三是关注小细节、小环境，立足于循序渐进，不求上大项目整体推进，要考虑成熟再制作安装，注重对文化建设的宣传内化，形成体系。在一段时间里侧重于一个校部，用两到三年时间使全校得到逐步完善，不搞“一蹴而就”，不搞“一窝蜂”“一阵风”。

四是课程文化和活动文化要在现有基础上不断丰富和创新，注重进行校本开发，形成体系。特别是小学部的“六小课程”“大美开封”“做有道德的金明人”等校本课程和实践活动进行到现在已经形成了体系，产生了良好的社会效应，难能可贵。要持之以恒，丰富完善，创新提升，形成金明特色的校本教材，不断加强学校课程文化建设。

五是加强中小衔接工作的探究和实践。作为九年义务教育一体化学校，“中小衔接”是金明中小学独有的特色和优势。学校将进一步在中小衔接方面加强理论探究和实践探索，组织学习外地学校中小衔接的先进经验；召开理论研讨会，结合本校实际探讨中小衔接的模式和方法；推行中小学教师同上一节课的“双师课堂”。

六是布局三年发展规划。学校将以 SWOT 态势分析法，进一步客观分析优势和不足，找到学校发展的亮点和增长点。金明要想打造出自己的品牌、树立起自己的形象，首先要合理定位，善于经营本校的亮点，尽可能在已有特长和优势项目上做大、做强、做优，充分发挥自身优势，努力使学校特色更明、亮点更艳，在更大、更广、更深的范围内扩大知名度。

教育是水，文化是乳，优秀的校园文化就等于卓越的学校品牌，会增强学校的向心力、凝聚力、吸引力和竞争力，会促进学校提升办学品位、提高办学质量。金明中小学领导班子和全校师生达成共识，如果想要学校获得创新性发展、跨越式发展和可持续发展，就必须让金明文化建设进入更高层次、更高水平的发展轨道，为全校师生共享，为学校发展导航。

雷振中 安阳市盘庚小学校长

全国德育工作优秀校长，河南省名校长，河南省教育厅优秀教育管理人才，河南省教育系统优秀教育工作者，第二届河南最具影响力校长。参与编写《中国教育教学文集》《圆梦中国》《致敬正能量》等著作。

培养具有中国根基的世界人

教育是什么？小学教育是什么？教育做什么？小学教育做什么？实际教育教学中显现出的问题让我们陷入深深的思考。

思考引领我们回到教育的本源：教育是人生成长的根本，小学教育是整个教育阶段的根本，我们就是为学生扎根的引路人，这就是根文化教育的思想基础。我校把理念系统定位为“根文化教育”，主要基于“根是幸福的奉献者、根是自觉担当的责任者、根有丰富的内涵、根与安阳地域文化有必然的联系”。融合学校特色，以“根文化”为主线确定学校核心主题，围绕“立根、立德、立言、立行”的根文化教育内涵，将其作为贯穿学校所有办学思想的主线，使办学理念、办学行为甚至视觉影像等都形成了完整的“价值链”，从而彰显学校特色，铸就学校灵魂。

一、寻觅

2007 年的冬天，注定是一个寒冷而又不平凡的冬天，而我也面临着人生的抉择。那时的豆腐营小学（现盘庚小学）风雨飘摇，人心涣散，急需一位领头羊——区教体局把目光投向了在另一所学校任职的我。一边是有稳定基础的事业平台，一边是百废待兴的薄弱学校。何去何从？最终我决定，放弃名校的发展空间去啃业内公认的“硬骨头”，选择豆腐营小学（简称“豆小”，2019 年 9 月 19 日更名为盘庚小学），圆自己心中的一个梦想：力争办一所具有安阳风格、中国底色、世界胸怀的大写的学校！

好学校应该是教书育人的地方，是孩子向往、家长满意、社会认可的乐土，是师生员工赖以生存、实现梦想、成就自我的进步阶梯和重要平台，好学校当给师生诗和远方。2007 年年底，我接手豆腐营小学校长工作，有幸和我的教育伙伴们共同亲历豆小教育由小变大、由大变强、由强变精不断发展的丰厚历程。

近三十年的教育探索实践中，我敏锐地察觉到，能够从根本上影响学校成员价值观和信念的，只有文化！**未来学校的竞争归根结底是学校文化的竞争，优秀的校园文化是一所学校教育品牌的基石。**一所好的学校，一定有优秀的校园文化，在教育相对发达的一线城市，校园可谓处处皆文化。而我们教育相对滞后的中原对成绩的追求更多，忽视了校园文化的建设，忽视了文化的引领作用，随着社会的发展，我们也意识到能力重于知识，校园文化更有利于提升学校的办学品位，更有利于学生的全面发展。

二、求索

文化有啥用？制度、流程解决不了的问题，文化上。文化是学校的遗传基因，文化是磁化师生的磁场，文化是发酵师生的酵池，文化像空气，平时不感觉它有多重要，失去它才倍感重要。

基于此，2009 年在专家的引领指导下，发挥全体班子成员、骨干教师的聪明才智，学校确立了“根文化教育”理念，“根文化”理念系统不仅层次分明，而且内涵丰富。

学校在“文化育人，内涵发展，质量强校，打造精品”的名校战略引领下，形成了“根文化”的教育特色，促进了师生素质的全面提高和办学品位的提升。学校确立了“坚守每位师生成长的根本”的办学理念，“韧、勤、智、博”

的校训，“立根、立德、立言、立行”的校风，“博学仁爱、思源求真”的教风，“乐学善思、追根求源”的学风。各美其美，美美与共，是花就让它芬芳，是草就让它翠绿，是树就让它茁壮，激励豆小人“让小草长成最好的小草，让乔木长成最好的乔木；不管是乔木还是小草，都要把根扎牢”。办学特色真正成为我校全面育人的辐射源、素质教育的能量库。

然而，教育理想与教育现实之间终究存在矛盾。在现实的评价系统里面，学生的学习成绩、教学质量是家长认可学校的主要指标，这些无疑都向“根文化教育”理念发出挑战。由于文化建校在全市都尚属首例，也招来了一些专家学者、领导同行的质疑，再加上本校部分教师的不理解，因此“根文化”建设阻力重重。面对这些，我坚信只要让孩子们在豆小校园经过六年的文化熏陶，一定能成为品行端正、品学兼优、品位高雅的大家风范学子，只要能为孩子的一生奠定坚实的根石，再苦再难也要做好。

根是幸福的奉献者，根是自觉担当的责任者，根与中华民族优秀传统文化之一的文字之根——甲骨文的故乡安阳有必然的联系，与古都安阳的地域优秀传统文化有必然的联系。经过近十三年的实践探索，学校结合古都安阳丰富灿烂的地域文化和基础教育的核心使命，倾力打造教学智慧之根，培养德育行为之根，铸就体育健康之根，呵护安全生命之根……特色教育彰显盘庚“根文化”内涵：根之韵手指操、根之声红领巾广播站、根之颂文化讲解团、根之情家长志愿者、根之本智慧大讲堂、根之髓日清周结月评年考……

三、深化

在“根文化教育”主题的引领下，我校以学生为主体，以养成为主线，以活动为主导，有计划、有步骤、多途径、多方法对“立德树人，培养学生行为之根”做了行之有效的实践探索。

1. 精细管理，培养行为之根

根据我校“精心、精炼、精细、精致、精彩”的管理理念，学校实行“1+x”日清周结月评年考精细化管理。

日清：即日事日清。我校的日清检查分德育、教学和总务三大块。根据

《日清值勤安排表》，每天由一位行政领导带领多名教师共同值勤，遵照《日清值勤教师岗位职责》，实行地毯式管理。当天值勤情况必须汇总完毕签字评价复印后，次日上午 9 点前张贴到公示栏，同时发到“文化盘庚”微信群，对日清表上提出的问题由相关责任部门负责落实，日清表是考核奖惩的重要依据，增强了全体教师的责任意识和主人翁意识，调动了教师参与管理的积极性，同时，每日的检查又促进了教师之间相互学习和交流，从细节上规范了学校的管理，提高了管理效能。

周结月评年考：我校各部门依据每日《安阳市盘庚小学日清检查记录》，进行一周值勤汇总，根据单项评比受表扬次数的多少，评选出每周礼仪、卫生、学习等五星班级和办公室，并在周一升旗仪式上宣布。同时，每周五下午下班前各部门汇总本周工作并将电子稿报党政办公室，党政办公室编印《工作简报》后于下周一分发到各办公室。每个月、每年则根据综合受表扬次数的多少，评选出每月（年）五星集体和个人。

2. 强化训练，夯实行为之根

习惯是培养出来的，是在人的生活实践中逐步形成的，而不是人生来就有的。我校坚持：固定时间强化训练，丰富养成教育内容。根据我校的实际情况，确定讲究卫生、勤俭节约、安全自护等十二个好习惯分别为每月一个好习惯训练内容，每周固定时间为好习惯学习背诵时间，并鼓励学生利用大课间时间向学生发展和家庭教育中心的老师和少先队大队部学生背诵，背诵过关即可获得“你真棒”大拇指奖励卡一枚。

改革评价奖励制度，促进行为之根提升。制订五星学生评价奖励升级制度，实行“集卡升级”制。发布旗手招募令，改革旗手选拔制度，布置特色假期作业，抓住抓实每一个教育契机。

发挥环境育人功能，拓宽行为之根领域。学校力争做到“让每一面墙壁会说话，让每一处环境都育人”，注重环境建设中的教育性、艺术性、科学性的有机结合。精心布置学校内外墙壁、功能室、教学楼走廊、楼梯、卫生间等环境……无声的语言，随处可见，给予学生潜移默化的教育。

创新特色活动载体，提高养成教育实效。我校每年除了将行为习惯养成教育渗透于开学第一周、每个月外，还将其贯穿在三八妇女节、五一劳动节、国庆节等大型节日活动中，将军事技能大赛、一年级新生入队仪式、感恩训练营等学校特色活动作为强化学生良好行为规范养成的有效载体。

3. 本土研修，孕育智慧之根

智慧课堂应该是学生得到智慧的课堂，是教师智慧成长的课堂；是学生智慧地学，教师智慧地教，师生智慧学习生活的课堂。我校利用每周一下午智慧大讲堂时间，高密度、大容量对教师进行业务培训。在智慧大讲堂上开展了“读书推介会”“豆小好声音”“图说精彩”“印象盘庚”等主题系列活动，这些活动务实、求真，贴近教学实际，和我校根文化建设相得益彰。

我校由学科主任牵头，将地方历史、学校文化、社团课程与学科拓展相结合，开发了“习语进课堂”“经典诵读”“汉字品析”等校本课程，我校根据学校实际教学情况，把校本课程纳入课程表中，周一为智慧大讲堂，有专家讲堂、教师讲堂、学生讲堂、家长讲堂等；周二至周四校本教材进课堂；周五下午为校本社团活动，采取走班选课形式，“根润墨香”“DI 新思维”“绳彩飞扬娃”“魔力鼓乐”“天籁丝音”等丰富多彩的课程激发了学生的学习热情。

4. 搭建平台，飞扬智慧之根

走出安阳，面向全国，开阔视野，提升境界。作为党支部书记、校长的我充分利用省名校长和全国骨干校长高级研修班的平台，促使我校与全国各地知名学校建立了共同体，每年定期举行全国性智慧大课堂研讨活动，上海、北京、天津、海南、江苏、山东等全国各地名校名师汇聚盘庚，和我校教师同台竞技，共同演绎教育人的精彩。五届智慧大课堂的成功举办促进了我校教师的快速成长，也为全市全省全国教师提供了学习平台，加强了校际省际间的教育交流。2015 年 9 月，我校又率先在全市引进电子书包，开设“互联网 + 教育”智慧云课堂，“带着电脑去上学”这一几代人的梦想在我校实现。

郝江玉 郑州市实验幼儿园园长

郑州市文明青年，郑州市新长征突击手，郑州市优秀教育工作者，郑州市幼儿教育先进个人。撰写的论文多次获省市级奖励，5 篇论文被教育核心期刊刊登。

爱心育人，慧心做事

在美丽宁静的郑州西隅互助路 38 号，坐落着一所底蕴深厚又朝气蓬勃的儿童成长乐园——郑州市实验幼儿园，幼儿园成立于 1958 年，1998 年被评为首批省级示范园。

幼儿园是专业的教育机构与文化场所。优质幼儿园的全面建设应该在文化建设的系统范畴内加以谋划和实施。在六十余年的办园历程中，郑州市实验幼儿园一直坚持以“幸福教育”理念去理解教育、理解孩子、理解我们为之付出的工作和生活。幼教工作需要以爱心为底色，同时需要以专业智慧为抓手。我们不断总结和提炼幼儿园的办学行为和办学理念，最后形成了“爱心育人，慧心做事”的“双心”园所文化，并逐渐内化成幼儿园教师追求进步过程中的共同愿景。

一、“爱心育人，慧心做事”园所文化的内涵

我园“爱心育人，慧心做事”的园所文化，不仅是我们从六十余年的办学经验中凝练出的教育方法论，也是我们从我国悠久的传统文化中吸取而来

的智慧，特别受益于孔子仁、智思想。

孔子提出了仁者乐山、仁者静、仁者寿和智者乐水、智者动、智者乐的观点，阐述了“仁”和“智”相辅而生的哲学命题。

首先，“仁者乐山”，以大山的特性形象揭示仁的思想实质。山具有刚强挺拔的自然特性，它给人的形象是不可动摇的。山具有沉默的特性，它显示的是无言的力量。以山比仁，就是要体现做人的原则性，亦即坚守做人处事的底线。

其次，“智者乐水”，就是说智者具有水的特性。水具有灵动美和柔性美，它的最大特点是随势而动，富有变化，和山的静态形成对比。以做人处世来讲，就是要讲求灵活性和智慧性。

针对幼儿教育的特殊性，我们把爱心育人诠释为：面向全体幼儿，注重全面发展；提升服务、提升内涵、提升质量；爱园如家、爱生如子、爱岗敬业、团结友爱；对待幼儿充满爱心、照顾幼儿周到细心、教育幼儿热情耐心、教育科研专注恒心、家长工作尽力尽心。

经过多年的积淀，在“爱心育人，慧心做事”的园所文化的指引下，幼儿园确定了一系列的文化要素：办园理念是“幸福教育——创造幸福的教育，享受教育的幸福”；坚持保教结合的原则，坚持面向全体幼儿，对其实施德、智、体、美诸方面全面发展的教育，促进其身心和谐发展；继续发挥省级示范园的辐射引领作用，办知名的优质幼儿园。

二、制度建设：以爱心保障教师的权益，以慧心护佑教师的发展

制度文化是中层的园所文化，是处于精神文化和物质文化之间的，它不仅是维系幼儿园正常秩序必不可少的保障机制，也是整个园所文化的保障体系。制度是保障教职员工基本权利，同时约束全体人员工作行为的各种规定的集合。制度建设是幼儿园的上层建筑建设，在这个过程中要始终秉持公开、透明、民主的原则。

细化幼儿园管理要求，完善《岗位月绩效考核细则》《奖惩及评优制度》，

进一步发挥教职工评优评先工作的激励机制，用公平、公正、公开的形式选树典型，并利用各种形式对教师表彰奖励，激发教师的工作热情，形成科学、合理的考核评价体系。

完善各种规章制度，完成了《郑州市实验幼儿园工作手册》的修订工作，编订了《幼儿在园一日生活细则》，胶印成册，做到教职工人手一册；本着多劳多得、优劳优酬的原则制订了《聘任教师星级工资评定标准》，有效激发了聘任教师的工作热情；确立了新型教学管理机制，出台了《保教人员工作手册》。

三、专业发展：以爱心温暖员工的情感，以慧心促进员工技能提升

让教师有幸福感是体现“爱心育人，慧心做事”园所文化的关键举措。为此，为缓解教职工的工作压力，我园每月开展体育竞赛活动，如羽毛球、跳绳、毽球、乒乓球等比赛。另外，还结合季节开展了丰富多彩的文体活动，如三八节拔河比赛、新年联欢会、郊外踏青等，为教职工营造了一个宽松愉悦的生活环境。

我们从技能培训、分层培养、进修学习、专家讲座、导师制、机会平台、名师工程、青蓝工程、课题引领等几方面促进教师的专业成长。将教师培养细化，建立多种形式的分层次培训机制，将全体教师分为四个层次，即由实习生老师与新上岗教师组成的“青苗乐园”，每周开展两次恳谈会，及时了解新上岗教师的工作困惑，并当参谋、做后盾帮助其解决；由工作三年以内教师组成的“中坚团队工作室”，每两周进行一次座谈研讨，交流经验、分享感悟；由工作三至五年教师组成的“明日之星”团队，在名师工作室带领下开展每两周一次的培训研讨，为名师的培养奠定坚实基础；由班主任组成的“班主任工作坊”，每两周组织一次研讨培训。

四、环境创设：以爱心衡量适度适宜，以慧心拿捏价值意义

为了充分发挥环境的育人作用，我们对幼儿园的环境进行了充分的教育改造。按照《3—6 岁儿童学习与发展指南》的要求和精神，幼儿园与专业设

计师合作对幼儿园环境进行了改造优化，将全园规划为“趣园”“乐园”“耕园”三部分，力争做到“处处是景致，步步有文化”。

“趣园”以前院为主，草坪重新修整后，快乐坡、幸福路点缀其中，孩子们在上下迂回中体验着探索的乐趣：过小桥赏鱼儿戏水，沙池里面常嬉戏，梅花桩上显身手，银杏树下捡落叶，趣味盎然，其乐融融。

“乐园”以操场为中心，在原有大型玩具的基础上，因地制宜，在西侧假山增加了攀爬架、钻桶、平衡桥、爬网等大型器械；新建了空中走廊和活动场地，加盖了错落有致的小木屋，并与空中花园相连；对走廊进行拓宽改造，由原来的 1.4 米拓宽到 4.7 米，每层增加了 185 平方米，有效增加了幼儿游戏区域。

“耕园”是由厨房楼顶改造的生机盎然的空中园地，鹅卵小径，绿草茵茵，回廊垂吊花朵簇拥，幼儿种植区域更是吸引了孩子们每天前来浇水照顾。

微型绿植景观的创建更是全园参与，大家精心设计，巧妙构思，寓园所文化于景观之中。合理整合资源、有效利用空间，增加了体验小厨房和绘本馆等功能室。

五、家长工作：以爱心理解家长需求，以慧心打通家园合作通道

我们始终把家庭作为幼儿园重要的合作伙伴，加强与家长的沟通与交流。我们以慧心打通家园合作通道，以开放的心态邀请家长代表参与幼儿园管理。

首先，在《三年发展规划》的制订过程中，除了全体教师参与外，还邀请家长参与其中，通过发放调查问卷，了解幼儿园目前的优势与存在的不足；组织家长代表召开座谈会，让他们谈一谈自己理想的幼儿园是什么样子。在《三年发展规划》制订完成后，向家长委员会提交审议，让家长了解和认同幼儿园的管理目标，定期向家长征求建议和意见。

其次，让家长参与安全管理，联手共筑安全园所。开学初，家长代表和后勤人员一起开展校园安全隐患排查工作，共同巡查幼儿园食堂、教室、寝室、走廊、操场的安全设施设备、电路、消防器材，以及园内监控系统，共同排

查安全隐患。学期末，在家长委员会上，由后勤主任向家长代表汇报安全设施巡查、安全教育、环境维护等方面的工作开展情况，并征求家长对幼儿园安全工作的建议。

另外，我们让家长参与食堂管理，携手为幼儿膳食保驾护航。饮食安全是家长们最为牵挂的事情。我园开展了“家长进食堂，管理全参与”活动，全程对家长开放餐饮工作。此外，我们还在郑州市食品药品监督管理局的支持下安装了食品溯源系统、农药残留检测系统，在教育局保健站的支持下安装了“明厨亮灶”系统，家长可以通过园内的显示器，直接查看食材来源和食堂内的操作情况。

从参与幼儿园的规划管理，到参与幼儿园的监督管理，从参与幼儿园的安全管理，到走进幼儿园的阳光食堂，家长不断走进并深入了解幼儿园的工作，发挥了家委会在现代教育管理中的作用，汇聚了幼儿园发展的各方力量，增强了幼儿园发展的内生动力。

六、教学科研：以爱心凝聚教科研内核，以慧心落实教科研成果

以发展的眼光对待教师的不足，以研究的态度和方法引领教师对待工作中的问题，这是在更高层面落实“爱心育人，慧心做事”园所文化的路径。

我园成立有专门的教科室。教科室有专职主任 1 人，由保教主任、名师、骨干教师组成。教科室成员具有较高的科研素质和管理能力，具有指导教师教育科研实践的经验和能力，能配合市教科所完成各项科研管理和指导工作。

幼儿园高度重视教育科研，并采取了一系列行之有效的措施，充分调动了广大教职工教育科研的积极性，形成了以教科室为龙头，教研组为依托，全员参与的浓厚的教育科研氛围。园内本年度有十余个科研小组，科研小组成员热爱教育科研工作，每个组长均有一项市级以上研究课题，小组成员积极承担课题研究，园内形成相对稳定的教科研队伍。

爱心在左，慧心在右，“爱心育人，慧心做事”的“双心”文化既是我们自信的源泉，也是我们努力的依循。行走在教育的路上，随时播撒浓浓的爱，

随时倾听花开的声音，让我们的爱充满教育心智，让教育之爱闪耀智慧的光芒，通过每一天平凡的工作，陪伴孩子们幸福成长……

实施

——创设学校发展的课程

张秋萍 河南省实验幼儿园
党委书记、园长

中小学正高级教师，河南省特级教师，河南省优秀专家，享受国务院政府特殊津贴。主持申报的《基于中国传统文化的幼儿园食育创新实践研究》获河南省基础教育教学成果一等奖，国家基础教育教学成果二等奖。

基于中国传统文化的幼儿园食育课程

没有全民健康，就没有全面小康。幼儿身体素质不仅关乎到“健康中国”的未来，更是实现高质量学前教育的重要基础。2007—2017 年，河南省实验幼儿园入园新生身高与体重逐年下降。入园新生不容乐观的健康状况，引发了我们对幼儿健康问题的忧虑。

为此，河南省实验幼儿园借助中国传统文化中的食育资源，建构幼儿园全方位食育课程，提升幼儿健康素养是本研究主要解决的问题，树立“健康第一”的理念，丰富健康教育的载体、形式、途径、内容和方式，提高幼儿健康素养是新时代的一项重大课题。

一、幼儿园食育课程的理念、目标和内容

我国的文化瑰宝《诗经》里早就出现了“饮之食之，教之诲之”的食育思想。遵循这一思想，我园从中华传统文化入手，结合我国幼儿健康教育现状和方式方法，挖掘与食育密切相关的饮食文化、农耕文化、中医文化等传统文化中的教育资源，融合自然、文化、生态、全人教育理念，提出了具有中国特

色的创新性食育理念，即**食育是尊崇天地自然之道，传承祖先优秀的饮食文化，保护生态环境永续，增进人类身心康乐的基础教育。**

我们实施食育的基本原则是“尊崇天地自然之道”；基本途径是“传承祖先优秀的饮食文化”，遵循“食医合一”“饮食养生”“本味主张”“孔孟食道”的中华饮食文化途径；责任是“保护生态环境永续”，向每一个人传达生态、环保、有机、感恩的理念；终极目的是“增进人类身心康乐”。食育关注全人的培养，食育是关乎生存、生活、生命的教育。食育是德智体美劳全面发展的最根本保障，是落实劳动育人的有效途径，是实现幸福人生的起点。

从幼儿的身心发展规律出发，在食育课程的培养目标上，我园提出了“食趣、食操、食知、食礼”四维目标，分别从情感、能力、认知、礼仪维度，培养喜食、会食、康食、雅食的幼儿。

幼儿园食育课程内容主要由自然、耕种、食物、厨炊、身体五大方面组成，以说明书的形式呈现，内容体现“天人合一”的思想，包含从天地自然起始，作物种植、认识食物、烹饪加工、营养身体，最终回归自然的一系列食育课程内容。

二、幼儿园食育课程的实施路径

河南省实验幼儿园食育课程是通过创设食育环境、开展常态化食育活动、进行自我健康管理、家校合作四条路径来实施的，目前已构建了独具特色的食育课程体系，形成行之有效的课程实施方式。

中医养生食谱——健康的味道。基于中医养生文化，秉承“亲近自然、均衡营养、合理取用、生态有机”的配餐原则，遵循“当地、当季、当令、当时”的饮食智慧，结合幼儿的年龄特点制订营养配餐食谱。我园的食谱分为五类：年龄段食谱、民族（回族）食谱、体质食谱、个性化食谱、节假日食谱。多样化食谱涵盖全年 365 天，惠及全体幼儿，最大化地满足幼儿的成长需要，大面积精准地提升幼儿的身体素质。

食育实践基地——自然的味道。2012 年，我园利用农村流转土地建立了食育课程的实践基地耕读苑，应四季更替种植不同的作物，养殖家禽家畜，为幼儿提供自然的天地课堂。幼儿能深度体验农耕生活，亲近自然、亲近土地、亲近食物、亲近生命。在耕读苑，我们同孩子们一起研究食物与生态的关系，一起体验食物种植的全过程，一起探讨保护耕地的方法和意义，通过耕读苑向孩子们传达生态、环保、有机、感恩的理念。

食育工坊——厨房的味道。食育，不能只是简单的说教，而是要提供给孩子深度参与实践的空间和机会。2011 年，我园创建了具有中国风格的食育空间——儿童食育工坊，这是由传统中堂、传统灶台、传统厨具与炊具、桌椅、书架、水池等构成的儿童食育教室。在这里，孩子在真实体验食物制作的过程中，萌发对食物的敬畏，感受食物的来之不易，学会感恩与珍惜，了解食物与健康的关系，悦纳不同口味的健康食物，从小树立健康的饮食观念。

蔬果花园——快乐的味道。我们充分利用幼儿园的户外空地建设了兼具种植、观赏和食用功能的种植园地——蔬果花园，为幼儿提供近距离接触自然、种植蔬果的机会和空间。这里是孩子们探索与发现的乐园，是孩子们每天都会去的地方。在收获的季节里，孩子们亲手摘下一路呵护的果实，快乐的笑容洋溢在他们的脸上。

进餐文化——幸福的味道。进餐环节是幼儿园一日生活中的重要环节，是培养幼儿良好饮食习惯、悦纳健康食物的教育契机，也是实施我园食育课程的一个重要载体。依托进餐环节，营造雅、静、美的进餐环境，渗透中华传统文化，培养幼儿良好的进餐礼仪以及生活自理能力。在多年进餐环节的探索中，我园形成了鲜明特色的幼儿园进餐文化。

自我健康管理——成长的味道。幼儿自我健康管理是幼儿健康意识与能力提升的路径，主要包含幼儿园自我健康诊断、身高体重和体温测量、大小便观察记录、选配果蔬花饮。我们倡导幼儿自我健康管理，改变成人对幼儿健康事宜的包办代替习惯，将健康知识在生活中潜移默化地传递给幼儿，培养他们关注自我的身体变化、了解食材的基本功效、掌握一定的食物治疗知识、养成健康的行为习惯。

三、幼儿园食育课程的实施效果

自食育课程实施以来，我园幼儿的身体素质有了明显的提升，2013—2017 年在参与体检的幼儿人数大致保持不变的情况下，幼儿视力低常率逐年下降，幼儿在园服药率逐年下降。通过与两所同等省级示范性幼儿园幼儿的饮食行为习惯对比，我园幼儿的食知（饮食认知）、食操（饮食制作）、食趣（饮食态度）、食礼（饮食礼仪）的得分明显优于这两所省级示范性幼儿园，说明通过食育课程能够有效地培养幼儿的良好饮食行为习惯。从托班到大班，孩子们逐渐积累了丰富的食物制作经验，并且能够清晰地辨别和区分健康食物与不健康食物。

与此同时，家长的健康饮食观念和行为有了显著的转变：从厨房开始改进，家庭餐桌更注重营养均衡和食材安全，外出就餐行为减少；家长更加关注对中华饮食文化和礼仪的传承，更加关注传统食俗；家长科学育儿的能力得到提升，过多用药现象得以改善，幼儿服药率从 2011 年的 3.92% 下降至 2017 年的 0.21%。

自 2001 年接任河南省实验幼儿园园长以来，我带着对教育的敬畏和执着，风风雨雨走过了 19 年。在这 19 年里，我带领着全园教职工“高标准”“高质量”“严要求”地做好幼儿教育教学改革发展工作，力图将我园教育做成业内标杆，并成功将河南省实验幼儿园打造为第一所构建了幼儿园食育课程体系的幼儿园、第一所设立食品安全快检中心的幼儿园、第一所采取动态编班管理的幼儿园、第一所拥有幼儿研学基地的幼儿园，也是河南省至今为止第一所也是唯一一所获得国家级基础教育教学成果奖的幼儿园，这一个又一个的“第一”使得河南省实验幼儿园成为河南教育一张亮丽的名片。

经过 13 年基于中国传统文化的幼儿园食育探索，我园形成了具有中原地区特色的办学理念，成熟的食育课程体系是我园的优势。基于这一优势，我们举办了多场食育专题研讨与观摩活动，分享我园多年来的食育创新实践研究成果，传递构建“食育”这一中国特色学前教育课程体系的理想、信念和决心。

除了举办系列公益活动之外，对愿意探索和实践“食育”的幼儿园，我们主动提供食育环境创设帮扶和食育课程建设支持。截至目前，我园已建立了43个“河南食育”推广基地，并在河南省教育厅的支持下，筹建100所河南食育试点园。

一个幼儿园的发展壮大不代表教育的进步，只有每一个幼儿园都在发展的道路上前进才能提升中国教育的质量。而我作为一名省级示范性幼儿园的园长，更是肩负着责任和使命。我们坚持“请进来”“走出去”，宣传和推广我园教育教学改革发展的成果，让河南省实验幼儿园不仅引领河南省学前教育的发展，更要为中国乃至全球学前教育的发展贡献力量和智慧。

侯清珺 郑州市金水区文化路第一小学
党总支书记、校长

全国小学优秀校长，河南省名校长，河南省教师教育专家，河南省教育厅优秀教育管理人才，河南省教育系统先进工作者。主持多项课题荣获国家、省市级奖项，撰写多篇论文在《人民教育》《中小学管理》等核心刊物发表。

乐享课程，让每一个孩子找到幸福的感觉

郑州市金水区文化路第一小学以“乐享教育”为教育哲学，围绕“仁、礼、智、和、艺于一体的文一少年”的育人目标，着力进行课程建设，构建了“乐享课程”体系。

“乐享教育”办学思想主张快乐、共享、以人为本的核心文化，把“乐享课程”作为打造学校品牌的落脚点。“乐享课程”以“在这里，让每一个孩子找到幸福的感觉”为课程理念，让每一个孩子在学习中体验快乐，在多元、丰富的课程滋养下共享成长的幸福。在这里，学校以立体多元的课程实施与学习方式，给学习生活注入快乐元素，促使师生活泼、主动地发展，共享成长之幸福旅程。

一、“乐享教育”，倡导用快乐心态共享生命精彩

在长期的历史发展过程中，学校形成了“以文化人，知行合一”的校训。在新时期，“以文化人”不再是单一的教化，而应该是教与学的统一；不再是毫无情感的被动接受，而应该是愉悦的体验和创造。传承优秀文化基因，

适应新时期教育发展的需要，学校确立了“乐享教育”这一教育哲学。“乐享教育”的“乐”即快乐，“享”即共享。“乐享教育”就是倡导用快乐心态共享生命精彩的教育。

“乐享教育”是快乐的教育，致力于教师快乐地教、学生快乐地学。“乐享教育”倡导教师以教育为赏心乐事，教师在教育中获得自我价值实现的愉悦，享受教育的乐趣；倡导学生在成长的过程中拥有快乐的心态，乐观豁达地面对挫折与磨难，坚守信念，坚定意志，冷静思考，不言放弃。

“乐享教育”是共享的教育，致力于师生共享成长的幸福，倡导把师生关系营造成师生共享成长幸福的关系。教师和学生是命运共同体，彼此成就，共享温暖，教师成就了学生的同时也幸福了自己。

“乐享教育”是以人为本的教育，倡导教师与学生建立和谐的教育关系，重视教学活动中师生的互动与对话，关注情感的传递，促进学生积极主动地完成学习任务。

我们坚信，快乐是学习的原动力；我们坚信，学校是分享快乐的地方；我们坚信，过幸福快乐的教育生活是最美的；我们坚信，让生命幸福成长是学校教育的神圣使命；我们坚信，让每一个孩子做精彩的自己是教育最舒展的姿态。

快乐可以最大限度地调动起孩子的求知欲、创造欲和自信心。拥有快乐的心境，才能拥有直面挫折与磨难的勇气，才能坚守信念，执着前行。学校是个“家庭”，快乐需要分享，在和谐的家庭中，分享幸福，彼此成就，才能共同成长。学校作为师生共同成长的乐园，应当为师生创造幸福，并一起感受幸福、记录幸福，促使师生活泼、主动地发展，过一种幸福快乐的教育生活。让生命成长是教育的责任，而关注生命成长中的追求和愿望，让生命幸福成长是学校教育的神圣使命。让每一个孩子努力做精彩的自己，展现优秀特质，活出自我，在学校百花园中绽放自己的一抹亮色。

二、构建“乐享课程”，让每一个孩子在学习过程中都能体验快乐

基于上述教育哲学，学校确立了“在这里，让每一个孩子找到幸福的感觉”这一课程理念，并构建了“乐享课程”模式，旨在让每一个孩子在学习过程中都能体验快乐，在学校多元、丰富的课程滋养下共享成长的幸福。我们期望每一个孩子在学校都能积累快乐，共享幸福。

“乐享课程”有如下主张——

课程即快乐享受。学校开发学生喜爱的课程，设置学生喜欢的课程形式，从而给学习生活注入快乐元素，培养学生快乐的情绪和享受人生的生活态度。

课程即生命场景。课程是学校提供给学生生命成长的教育教学活动的总和，学校建设的场馆、营造的育人氛围都为学生的生命成长提供了课程场景。

课程即个性张扬。每一个生命都有个性的存在，根据学生的发展要求，开设学生可选的、个性张扬的课程，是对每一个有个性的生命的尊重。

课程即幸福寻绎。课程是生命与幸福的相遇，通过让学生去发现、去体验、去探究、去创造，从中发现幸福的真谛。

课程目标的设置应基于学生发展核心素养，应服务于学校育人目标的达成，金水区文化路第一小学撷取九十年发展历史精华和中国传统文化精髓，着眼于未来的人才培养标准，确定了学校的育人目标：培养“仁、礼、智、和、艺于一体的文一少年”。“仁”是指有爱心，会合作；“礼”是指明礼仪，讲诚信；“智”是指会学习，能创造；“和”是指爱运动，勇担当；“艺”是指有才艺，会审美。

秉持“乐享教育”哲学，围绕培养“仁、礼、智、和、艺于一体的文一少年”的育人目标，经过实践与探索，学校构建了“乐享课程”体系。

根据培养“仁、礼、智、和、艺于一体的文一少年”的育人目标，学校把课程分为乐之言课程、乐之韵课程、乐之慧课程、乐之创课程、乐之善课程五大类。

三、通过七大路径，实施“乐享课程”

学校建构立体多元的课程实施与学习方式，通过“阳光课堂”“乐享学科”“乐享之旅”“乐享社团”“乐享节日”“乐享仪式”“项目学习”七个路径实施“乐享课程”，并依据不同的实施路径进行适切的评价设计。学校以丰富的课程和学生喜欢的实施方式给学习生活注入快乐元素，促使师生活泼、主动地发展，共享成长之幸福旅程。

构建“阳光课堂”，有效实施课程。遵循用快乐心态共享生命精彩的“乐享教育”哲学，在长期的课堂教学实践中，学校构建了“阳光课堂”形态。“阳光课堂”从儿童认知特点出发，以生命成长为根本，让学习回归儿童生活，致力于实现学生乐学与教师乐教的统一，把学习过程变成师生共享生命成长的快乐过程。依据“阳光课堂”的要义，学校倡导在课堂上体现“尊重、温暖、快乐、成长”四大文化核心。学校的“阳光课堂”围绕上述的文化核心和课堂创新进行了多维度的评价设置，并根据百分制赋予每个维度不同的权值。

建设“乐享学科”，丰富学校课程。通过“乐享学科”建设，学校构建起各学科的课程群，提升学科教学品质。根据学校师资力量，结合教师自身特长，以所授科目为原点，按照“1+X”模型组建学科课程群，形成乐享学科。学校建立了“醇香语文”课程群、“智趣数学”课程群、“乐活体育”课程群、“乐艺音乐”课程群、“享艺美术”课程群、“快乐英语”课程群、“乐趣科学”课程群。“乐享学科”是有效实施“乐享课程”的主要途径，也是学校课程评价的主要靶点，学校通过以下方式对“乐享学科”的实施效果进行评价：一是对学科课程方案的制订进行评价，二是对课程实施过程进行质量监控，三是对课程团队进行评价，四是对学生学习效果进行评价。

做活“乐享之旅”，推进研学旅行课程。学校借助社区优势资源，根据学生心理特质、知识层次、学科要求，量身打造“走进博物院”课程，作为学校乐享课程体系中的必修课程。“乐享之旅”课程评价项目主要包括对学生研学效果的评价和对教师指导效果的评价。一是依照“乐享之旅”学习单评估学生在研学旅行过程中的表现；二是评估学生学习成果展示。教师评价包括对课程实施过程中的基本品质和基本能力的评价。

开设“乐享社团”，发展学生个性特长。“乐享社团”是为发展学生的个性特长而建设的由教师参与辅导、学生自主管理的课程。“乐享社团”课程设计与实施流程为：学生需求分析—课程预设—师生进行社团课程论证、提出申请—学校课程中心审议通过—师生进行课程设计（课程纲要）—课程中心二次审议—学生选课—实施课程。“乐享社团”课程以年级和校级课程为单位，采用周五集中课时和课后社团活动相结合的方式。“乐享社团”主要从教师活动组织效果和学生学习效果两个方面进行评价 。

创设“乐享节日”，实施校园节日课程。学校基于“乐享教育”理念，开发实施了“乐享节日”课程。学校的节日课程内容包含中国的传统节日和特设的校园节日。“乐享节日”课程对学生的过程性学习表现和阶段性学习成果进行评价，评价主体有教师、学生、家长，并对评价内容、评价目标、评价方式进行了设计。

开展“乐享仪式”，实施校园仪式课程。学校把“仪式课程”作为实施德育的重要途径。仪式课程以学生的生活为起点，把生活中孩子们喜欢的、有意义的活动或者特别的日子，通过庄重、雅致的仪式呈现出来，既满足学生的兴趣，也让每个学生找到自己的成长点，体验成长的幸福。“乐享仪式”课程主要采用过程性评价，对学生的参与过程进行定量的评价。

推进 PBL（项目学习），开展主题综合学习。PBL（项目学习）包含学习目标的设定、驱动性问题的确定、学生的意见和选择、持续性的学习探究过程、作品制作与展示、评价量规的设计，自我反思的能力、资源和专业支持八个要素。项目学习通过细化分解课程标准、确定项目导入事件、进行学生已知和需知的分析、设置项目的驱动性问题、提供项目脚手架支持、设计项目评价量规、项目成果展示和反思七个步骤来实施。“项目学习”的评价分别由专家、学者、老师、同学以及学生本人来完成，采用定量评价和定性评价、形成性评价和终结性评价、自我评价和他人评价相结合的形式。

“乐享课程”以“乐享教育”办学思想为价值引领，通过建设课程文化、细化课程目标、构建课程体系、丰富课程实施路径、建立保障机制等多项举措有效实施，促进育人目标落地，塑造学校品牌，成就学校可持续发展。

张文栓 辉县市吴村镇中心学校
党支部书记、校长

中小学高级教师，河南省学术技术带头人，河南省教师教育专家，河南省教育厅优秀教育管理人才，河南省中小学名校长，2017 河南年度教育新闻人物，第二届河南最具影响力校长。

用行动和情怀帮助学生看见未来

学校发展需要我们回到教育的原点去思考路径、策略和方法，去突破重重的认知屏障和路径依赖，促进每一位师生去认识生命、发现生命的价值和意义所在，创造教育的精彩与奇迹。学校教育就是要为学生拥有智慧而幸福的未来奠基！

一、将枯燥的校园生活变成精彩的精神乐园，凝聚学生看见未来的正能量

健康的校园文化，可以陶冶学生情操，启迪学生心智，促进学生全面发展。我们学校努力拓展校园文化内涵，力争让每棵树、每面墙都变成育人载体。这一切都像“润物无声”的春雨，滋润着学生的心田，陶冶着学生的情操，塑造着学生的心灵。

学校文化除了引导人性向善向上的物质环境，还要有必不可少的人文环境才能凝心聚力。我们通过创设优质的人文环境去追寻和唤醒师生的教育初心。面对存在的管理难题和旧弊，学校顶住各种压力，瞄准“痛点”，大胆

改革，建立和完善制度，瞄准“痛点”，下决心维护学校的公平正义，赢得了老师们对学校发展的信心。通过一系列举措，学校走出了从低谷向上攀爬的第一步，翻开了学校发展新的一页。

教育初心是灵魂深处涌动的一种使命，是学生内心强烈的求知欲望和向上、向善的人性，是学校丰盈灵魂、温暖心灵、点亮人生的职责所在，也是学校教育焕发生机的潜在动力。

只有同“维度”才能同温度。我们要始终站在师生的立场来聚焦目标、做决策、办事情，将心比心，换位思考，优化学校的“供给侧”改革。**一个学校的核心竞争力不在于师资，而在于对优秀教师的使用和管理。**我们通过一系列举措让老师们感受到实实在在的尊重、理解和关怀，对老师最大的尊重就是让他感到公平和公正。近年来，我们通过修订和完善制度，改善生活和办公条件，搭建专业成长平台等，让老师们感受到家的温馨与和谐，让人文关怀温暖每个人的梦想和心灵，这正是我们教育的终极目标。

“将枯燥的校园生活变成精彩的精神乐园”一直是学校努力的方向。“船的力量在帆上，人的力量在心上”。教师们心气顺了，个人价值感才会高，精气神才会好，才会对他人产生积极的影响，才会有对正义与真情的守护，才会在育人教书和实现人生价值中找到平衡，获得成就感。我们明确提出良好的师生关系就是教育教学质量，从改革评价制度着手，利用《学生综合素质评价手册》对学生实行综合素质评价，对班主任和学科教师实行“日常管理 + 教学成绩 + 活动成绩”的评价办法，注重过程性评价和综合评价。引导教师对学生因材施教、不歧视“差生”，让学生有尊严、有差异地发展，让孩子们觉得学校有趣，能够找到伙伴、自信和尊严，让学生找到自身存在的价值，感受到生命之美和被尊重、被认可的自信与快乐。如此，学习和成长才有了可能。

二、帮助学生找到适合自己的生命打开方式，唤醒学生看见未来的内驱力

教育就是提供一个好的学习环境，使人的潜质更好地转化为外显的能力，

得到健康的成长，成为人格健全的人。教育是一种人格心灵的唤醒，是吸引，而不是灌输。我们一贯注重营造“蓬生麻中，不扶而直；白沙在涅，与之俱黑”的氛围，让学生耳濡目染、潜移默化地受到影响。

学校德育是艺术地引领学生成长的“成长课程”，艺术只是一种方式和策略，学生幸福成长才是目的。帮助学生找到适合自己的生命打开方式，让学生发现自己，做最好的自己。

首先是让学校的德育课程更有设计感，让学生感受到“心”意。丰富多彩的活动和课程是好的教育载体和路径。要站在课程建设的高度，树立课程意识，我们由最初的零打碎敲和学生出现问题后的急急挠挠，到现在的指挥引导后学生能知善而行的淡定从容；由最初的陷入困境后的单向灌输到现在和学生一起面对的双向交流；也不再是一味地围追堵截，一曝十寒，而是注重疏导后学生内心的“顿悟”。我们尝到了润物无声、春风化雨的甜头。

我们根据青少年成长中所必须拥有的能力和品质、容易出现的问题和需要及时干预的时机等，从单一的课例到系统的课程建设，构建了一个引领学生成长的课程体系，包括感恩、宽容、友善、责任等，内化青少年应有的自然流露的素养和内涵；以尊重、倾听、人际交往、学习和生活习惯等为主题，促进学生养成受益一生的良好习惯；从课程的角度力求把学校的大事小情都做出教育的味道。在“动和静”两个字上做文章，开发课程，以毛泽东诗词为主要内容的大阅读课程和以球类运动为主的各种活动课程扎实开展，系统推进。

其次是学校的德育课程要更加贴近学生的生活，让学生感受到“馨”意。我们利用视频晨会、升旗集会、主题班会对学生进行理想教育，帮助学生看见未来，让学生在愉悦轻松的环境中强化说写训练。在文体活动中，学生们动起来热情似火；在食堂就餐、宿舍休息、阅读思考时，学生们静下来，秩序井然。

再次是学校的德育课程要符合学生口味，让学生感受到“新”意。根据青少年学生好奇心强的特点，我们一直注重和鼓励大家进行“微创新”。比如，我们将过去一直在进行的作文比赛改为“寻找校园小作家”，班会、晨会都试着在组织形式、流程和评价等环节去尝试“新”意，努力满足学生精神追求的味蕾，让他们在多元的平台上去展示自己、发现自己。也许在孩子的未来人生道路中，学校的活动为他的发展打开了一扇可能之门；也许在未来某个时候，他会欣喜地发现，这些貌似“无用”的课程，不经意间影响了他的未来。

德育的意义在于真正唤醒学生的心灵。我们坚信：素质教育一定是成功德育的归宿，而成功的德育一定是唤醒学生心灵的艺术。对于学生，特别是农村学生，他们缺的是宽阔的视野、文明的素养、良好的学习和生活习惯。我校坚持开设“人生规划课程”，帮助学生看见未来，着力于学生学习力的形成，注重学生内驱力的开发和调动，多渠道唤醒、激励学生，帮助学生明确学习目的，树立远大理想，从而激发学生努力学习成长的内源性动力，努力让学校成为一个激发学生学习热情的地方。

三、为学生提供展示自己才华的平台，赋能学生看见未来的学习力

课堂是师生共同的生命体验和历程。课程是学校发展的动力源。我们应该认识到学生的差异，为不同学生提供展示自己才华的平台，让每一个学生都能有差异、有尊严地发展，为学生拥有智慧而幸福的未来奠基。

家长和社会对学校充满期待，渴望诉求在学校得到满足。而在最基本的安全、健康等诸多诉求中，希望孩子有个美好的未来是最高的诉求。学校就应该努力让学校成为一个学习的地方，通过高质量的课堂教学、丰富的课程设计和多彩的校园生活，来影响学生、赋能学生。

我们创造性地把美国著名教育家、心理学家布卢姆的“所有学生都能学好”的思想和教学实践进行融通，课堂教学上实施“四环节目标教学法”，优化课堂环节，关注学习过程，加强课堂落实，提高课堂效率，让每个学生都有收获。对于教师的成长，我们以“胜任力”教师评选为抓手，让称职的老师更胜任，让胜任的老师更优秀，让优秀的老师更有影响力。我们通过深入听课、切片诊断、集体备课、分享智慧等，在课堂实践中把握教育本质规律，用有

效教研打造实效课堂，调动教师“内需”，不但为教师规划美好愿景，更给教师有枝可依、有阶可攀的成长路径。

重温“原点”，寻求教育的本来。乡村学校不仅要硬件设施跟上时代，更应该有梦想和精神文化追求，成为乡村文明的策源地。而对学生，不仅要关心他们的现在，更要关心他们的未来。越关注未来，越考验着我们对教育“本来”的认识有多坚定，越需要我们从“本来”出发去重构认知。乡村教育的当务之急并不是提高学生分数，而是要考虑如何提升学校的吸引力，帮助学生把可以看得见的习惯转化为难以触摸的素养，帮助学生们从学习成绩体验之外获得信心与快乐。**教育事业更像农业而不是工业，教育人要像农民热爱土地一样，深耕细作，辛勤耕耘，耐心等待学生的成长**。

凡是关注学生今天的，就一定会关注学生的成绩和分数；凡是关注学生未来的，就一定会更加关注学生的素养和能力。我们坚持用未来的视野思考今天的教育，真正为学生的未来发展奠定基础。我们以“动静结合”的课程为载体，在“动”“静”两个角度拓展特色课程，满足培养学生多种能力和发展特长的需要，努力让每个学生都找到适合自己的生命打开方式，让学生动起来时青春释放、活力阳光，静下来时秩序文明，恬静优美。一动一静，张弛有道，学校于动静之中迸发了新的活力，学生于动静之中实现了素质的全面提高，为未来的成长打下了坚实厚重的基础。

办学思想在实践中凝练，办学实践在思考中提升。经过几年的砥砺前行，我们学校办学规模不断扩大，从当初的不到一千人发展到现在的三千多人，办学特色更加鲜明，教育质量更加优质，社会影响持续扩大，社会美誉度和认可度不断提升。

教育的本质是点燃，是唤醒、激励和鼓舞。学校是希望与未来发生的地方，不应该只有书本；学校是有活力与生机的地方，不应该只有管制；学校是梦想与信仰集结的地方，学校是一个情感密集型的场域。作为教育人，用行动和情怀帮助学生看见未来、走向未来、拥有未来，我们甘之如饴，我们踏实无比，我们寂静欢喜。

闫培新 郑州市第四中学校长

中学高级教师，河南省首批中小学名校长，教育部中小学名校长领航班学员。

教育，为学生高质量可持续发展奠基

教育的社会功能是为国家发展培养人才，服务于国家政治、经济发展。但是，社会化功能的实现，是以个体的发展为基础，即以受教育者个人的发展为基础。所以，我们认为，教育要集中聚焦于人的发展。人的发展，其根本意义与价值是保证人类社会具有长远的、可持续发展的能力。

修德励志，陶冶品性；美善相携，树高远志向，释放发展潜能；让每个孩子心中有爱，脸上有光，眼中有神，使其具有健全的人格、乐观向上的人生态度和高水平可持续发展的能力。这是我们四中人的教育理想，也是我们四中人理想的教育。“教育，为了学生高质量可持续发展”，就成为四中人的教育选择。

一、涵养德性，厚植情怀，为高质量可持续发展奠定优秀品格

德不立，无持续。立德，自古就是我们中华民族的优良传统。因此，涵养德性就成为我校德育的重心，结合重大节日以及中华传统节日，开展感恩教育、诚信教育、互帮互助教育、节约资源教育。校园里的“四中好人榜”

上贴满师生的好人好事和一些感谢信，美好的品德让校园处处闪耀着动人的光辉。

深情怀，大格局。情怀需要积淀，格局需要提升，需要有切合学校实际与教育契机的选择。在不断开展的理想信念、爱国报国的家国情怀、大格局教育中，郑州市第四中学选择了把“钱学森精神”作为德育的核心。学校定期开展“钱学森精神”演讲、征文、电影《钱学森》主题曲传唱等一系列活动，用“爱国精神”激发学子感恩之心和报国之情；用“奉献精神”感召学生坚持志愿服务，回馈社会；用“求真精神”激励学生投身研学旅行和社会实践，走进社会、走进自然，检验真知，学做真人；用“创新精神”引领学生开展社团活动、研究性学习，永攀科学高峰。

明责任，敢担当。让国家强起来是当代青年的时代使命，因此使命和责任教育，始终贯穿在学校的“四自教育”“责任教育”中，成为学校德育的“硬核”。

笃志向，强意志。理想信念不坚定，精神上就会“缺钙”。今天的教育，要能做到让我们的学子弘毅致远，抱负远大，意志坚强。学校常年坚持开展“理想教育”“励志教育”，在活动中铸造刚健有为、自强不息的意志力，引领学生在坚实的步履中拥抱梦想，把青春的奋斗融入新时代的召唤。

为了学生的高水平可持续发展，郑州四中以“钱学森精神”为核心，架构了“涵养德性、砥砺品格”系列课程，在丰富的活动和课程中，拓宽其文化胸怀和文化视野，培养其美好品格，筑牢学生德行教育主阵地，锤炼学生的优秀品质。

二、以美育人，温润心灵，为高质量可持续发展充盈精神世界

2017年，郑州市第四中学被评为河南省一校一品美育示范校。“以美育人，多元发展”是我们的办学特色，也是目前郑州市第四中学的办学生态：将美育思想融入育人实践，建构美育框架，运用学科之美、环境之美、礼仪之美、艺术之美、体育之美，提高学生发现美、感受美、创造美的能力，温润心灵，启迪心智，陶冶情操。

学科之美，让审美体验伴随学生成长。我们充分挖掘学科“美”的素材，引导学生体验学科知识之美，享受探究方法之美，更重要的是涵养学科价值之美。学校还通过跨学科的协同创新，开发出了一批指向学生兴趣、提升学生创造力的美育课程群，如动手探究类的剪纸课程、手工小创意编织课程、课本剧、艺术欣赏课程等，都具有较强的系统性和吸引力，经典诵读、汉字听写大赛、书法大赛等活动，既立足现实，又超越时代，让学科尽显其魅力，让书香溢满校园。

艺术之美，让经典擦亮人生底色。学校设计精品活动，展现艺术才华，张扬青春个性，融洽关系，凝聚人心，彰显活动之美。一是礼仪系列活动，二是艺术活动，三是每学期坚持开展“校园美育周”系列活动，四是定期举办赏名画、听名曲、读美文、看美景活动，办诗会、开讲座等，培育高雅生活情趣。

环境之美，让校园和谐、雅致、怡情。学校践行以学校文化、校风校纪、校园美化为载体的“潜美育课程”，打造“以德育人、以文化人、以美养人”的美育环境。通过校园文化征集，校园景点设计，营造优美环境；建设美育长廊，坚持每周一歌，邀请道德模范、先进人物、高水平艺术团体进校园，耳濡目染；设艺术角、读书角、才艺展示角等，营造美的氛围。建构融洽的师生、生生、师师、家校关系，构建和谐之美。

万物之美，让心灵诗意、充盈、高贵。**一切美育教育活动，归位于文化之美，**内化为心灵之美，外显于言行之美。

通过最美学生、最美班级、最美教师、最美家庭评选，树立师生美丽形象；通过实施学养工程、怡美工程、养心工程，培育师生心灵美、语言美、行为美，让每位师生成长为心灵高贵的人、精神富有的人……郑州市第四中学，是一个礼乐文化尽情绽放的舞台，多姿多彩的活动体验，会很好地培养学生的多元视角、选择力、投入度、专注度、抗挫力和思辨力，与获取知识答案相比，正确的世界观、自我管理和控制、情感意志力等才是核心竞争力，更有助于让自己成为不可替代的人，从而实现真正意义上的人的可持续发展。

三、激发兴趣，启迪智慧，为高质量可持续发展释放无穷潜能

美国现代成人教育之父戴尔·卡耐基曾说：多数人都拥有自己不了解的能力和机会，都有可能做到未曾梦想的事情。这就是人的潜能。教育的重要使命之一就是要能激发学生的潜能。

完善科学素养类课程体系。如何让知识学习过程成为创造力形成过程？首先，学校架构了以创造力为核心的，突出强调知识智力、兴趣爱好、高阶思维、动手探究能力的课程学习体系，着重突出好奇心与求知欲、创新思维与创造力。这类课程主要以社团活动的形式体现。学校拥有郑州市五星级和四星级社团七个，各类社团四十余个，是郑州市创新社团联盟学校和创客教育示范校。2017 年，中央电视台《科技之光》栏目连续七期播放我校学生科技创新活动，进一步激发了学生的创新热情。

积极搭建多样发展平台。几年来，学校广开渠道，挖潜校内外资源，以学生发展为中心积极搭建平台，促进学生可持续发展。学校与郑州大学合作创建力学工程实验室，与中国航天科技集团合作创建微小卫星开发工程实验室，与清华大学合作建设电学与信控智能实验室，新建物理创新实验室、化学数字实验室、生物组织培养实验室等，以支持学生创新发展需求，拓宽学科视野，增加与大学衔接内容，完善认知结构，拓展课程，促进学生身心发展以及个性需求。

优化通用技术教室功能，建设创客空间，完善功能教室，将创客空间建设与理化生实验室、数字实验室、创新实验室以及生物组织培养实验室和社团活动室等功能教室结合，并充分挖掘各项设备的功能，向学生开放，在现有条件下尽可能扩大学生操作与实验空间。

高阶思维是一种以高层次认知水平为主的综合能力，它超越了简单的记忆和信息检索，指向学生的高水平发展。而落实这一任务除了学校课程设置之外，主要途径就是课堂。我校探索高品质课堂的步伐从未停止，从“三环节课堂教学模式”到今天的学本课堂，都是以学生为本，以学生高水平可持续发展为本的课堂。学本课堂带来学校课堂三个转变：一由“教本”到“学本”，二由“知识传递”到“问题导学”，三由“师生传递”到“师生探究”。

基于高水平人才高阶思维品质培养的课堂变革，催生了学校的一系列改革。这些改革也推动学校朝着高品质发展。

四、关键能力，重点聚焦，为高质量可持续发展奠定坚固基石

阅读、思考、表达能力是学生学习的基本能力，也是创新能力、研究能力、设计能力等的基础，是学生可持续发展和学业走向成功的基石。

提升学生的阅读力。在校园设置开放的图书架、24 小时微型图书馆，班级建立图书角，让阅读成为习惯，读高雅书，做高尚人。开设专门阅读课，指导阅读。为了促进孩子多读书，把读书发展成为生活中必需的元素，学校每周邀请家长一起读。与经典同行，打好人生底色；同名著为伴，塑造美好心灵；同智者交谈，与伟人对话，拥有高贵的精神生活，让人生更精彩。

提升学生的思考力。学校十分重视学生思维能力的训练与提升。一是变革课堂，实施学本课堂，在课堂教学中注重培育学生创新思维。二是注重训练学生有根据、有条理、有层次、有深度的思维，定期与清华大学、北京大学等全国知名高校联合，举办各类以训练学生思维能力为主的比赛、沙龙活动。三是以兴趣问题导向开展社团探究活动，培育发现问题、提出问题、分析问题、解决问题的意识。

提升学生的表达力。不会表达的学生是没有影响力的学生。学校组织模联活动，班级之间进行演讲比赛，年级之间举行辩论赛，定期举行创新作文大赛，科技类和创意类社团一学期举行一次小发明、小创意发布说明会，这些活动为学生提供了表达展示与挑战的机会，提升了学生文字、图形、符号等多种形式的表达能力。

“根深才能叶茂，源远才能流长。”学校积极创造条件，培养终身学习力，提升可持续发展力，为学生实现人生理想插上翅膀，助力学生高水平可持续发展。

当今世界，创新的浪潮，在不断奔涌。时代需要我们基础教育积极营造创新文化，培育创新氛围，深耕基础，奋起直追。郑州市第四中学多年来在不断创新中寻求突破、发展和自我超越，“办人民满意的学校”，完成我们的教育使命。

郭勤学 郑州市第十一中学校长

中学正高级教师，河南省特级教师，河南省先进工作者，河南省教育系统先进工作者，河南省教育厅优秀教育管理人才，河南省首批中小学名校长，连任河南省第六届、第七届政府督学。

打造特色创客教育模式

在社会飞速发展、知识急速更新的时代，培养学生发展核心素养只依赖传统教学已远远不够。创客教育因高度符合时代转型的要求和新的教育变革所提炼出的核心素养要求而备受认可。而任何一种规范的教育，都离不开相应的课程体系。能不能构建一个完善的课程体系，往往决定着教育的成败。所以，**创客教育要取得务实的成效，把握好“创课”这一“灵魂”非常关键。**

郑州市第十一中学依托学校现有的教育信息化资源，以积极探索课程建设为核心，尝试独特有效的授课模式，打造经验丰富的教师团队，构建灵活多元的评价机制，进而形成了独具特色的创客教育体系。

一、理清思路，构建“三级五线”特色创客教育体系

随着创客教育的蓬勃发展，越来越多的中小学校将创客课程列入课程计划，积极尝试创客教育，并收得较好的成效。但是，分析国内中小学校实施创客教育的案例，我们发现，即使是创客教育发展比较好的学校，也仅仅是自主开发了一些校本课程，或在某些方面形成了一些特色，但并没有建立完

整的创客课程体系，更没有科学有序的课程目标和成熟的教材。究其原因，主要存在课程理念定位模糊、课程设置随意失序、课程评价依然单一等问题。

针对当下创客教育课程开发与实施过程中存在的问题，我们通过实地考察，理性分析，认为应该从以下几个方面入手构建课程体系。

明确而开放的课程目标。基于创客教育的特殊属性，创客课程体系应以培养学生的创业精神和创造能力为核心。而创课目标则应该表现出以下几个方面的特性：一是创课目标的“整合性”，整合多门学科，贯穿各学科目标体系。二是创课目标的“生成性”，动态审视和对待学生的学习和研创活动，并能依据活动的实际情况开发出值得进一步研究的课程内容。三是创课目标的“意向性”，以项目研究为导向，直接指向成果，既是激发学生学习的动力，也是学生创造能力的体现与检验。

创新而有序的课程内容。基于创客教育高度的实践性与创造性，创客课程的设置应该以项目为枢纽。尽管兴趣不是创课设置的根本依据，但项目的设计如果能够有机地结合学生的兴趣，引导他们在一种趣味性的情境中探索知识、培养技能，会获得事半功倍的效果。

科学而务实的课程评价。创客课程教学的评价需要将过程性评价和结果性评价有机结合。创客教育是“学”“做”“创”的递进式结合，因此创课评价应该就这三个方面相应地设定具体的评价指标和评价方式。比如，关于“学”，应该以研讨式学习为评价标准，考察其文献搜集、梳理与评价能力以及小组讨论过程中的汇报与反思效果；关于“做”，应该针对具体创客项目，考查学生在动手实践过程中相关知识、技能以及协作能力的习得情况；关于“创”，应该从过程的创新性和成果的创造性两方面进行考察，能够取得高质量的创新成果固然重要，而最终成果比较普通但“过程可观”的创新创造同样值得肯定。

郑州市第十一中学构建了“三级五线”特色创客教育体系，“三级”是指从学校层级建设创新型管理队伍，从教师层级打造创新型教师，从学生层级培养创新型学生。“五线”就是通过五条路线来实施创新教育：第一条线，不断优化课程设置，强调多学科内容的整合性，强调学科活动的实践性；第二条线，成立创客工作室进行拔尖人才的培养；第三条线，开展网络教学、促进创新氛围的形成；第四条线，与华中科技大学等知名高校、民间组织、政府部门联合建立开放式科研团队；第五条线，优秀创意发明作品申请专利，促进成果转化，实现“教转产”“产学研”一体研究。

二、做实当下，构建“三位一体”的创客教育课程模式

围绕创客教育，郑州市第十一中学在组建领导团队、教师团队、学生团队、社会力量团队的基础上成立了科技创新中心，在综合考察多套创客空间方案的基础上规划出最符合学校创客教育特点的方案，与华中科技大学飞吧创客空间、郑州创客空间合作搭建了“星火创客空间”。

学校构建了必修课程、校本课程、融合课程“三位一体”的创客教育课程模式。面向全校学生，采用分项教学的新模式，开足开齐国家规定的必修课程；校本课程采用大课与小课相结合的培养模式，大课包括科技创新课、科普宣传课和专业支撑课，小课分不同团队开设科技拓展课程。

目前面向必修课开发的校本课程有：以培养学生计算思维为目标的编程基础课程、以物联网为模型的开源电子课程、体现人工智能雏形的智能机器人课程和鼓励创新思维的 3D 设计与打印课程等，这些课程既体现了学科的核心素养，同时也为培养面向未来的人才做准备。为了满足不同学生的个性化需求，我校也在打造不同团队的科技拓展课程。

有了课程做支撑，学校发挥在师资力量和教育资源上的优势，大胆尝试创客教育分项教学模式，为每一个学生提供一门属于自己的创客课程，力争让每一个学生都能掌握一项创客的知识技能。创客教育分项教学模式在郑州市乃至河南省的创客教育中都是开创性的。

具体过程如下：在每学年开始，面向高一新生开设三四个创客项目，以 2019—2020 上半年开设的课程为例：C++ 编程基础课、创意电子课程、智能机器人课程，每门课程安排 12 个课时，学生可以根据自己的兴趣爱好进行课程的选择，从而形成创客学习走班制，即同一个班的学生在同一节课走进不同的教室学习自己感兴趣的创客知识。

为保证分项教学工作的顺利进行，教务处在新学期排课时，将两个班级排到同一节课，这样就保证了每个项目的人数平均在30—40人之间，当然为了避免出现选课人数不均的情况，创客老师会向学生们解读所有的课程内容和性质，并且指导学生选课。

每一门课程均有相应的老师进行教授，主要采用小组学习的学习模式，开展项目式教学。以C++编程基础课的一节课为例：由一种名为“幻方”的数字游戏引入，引导思考如何将这个数学问题一步一步推导得出数学模型，再将数学模型转换为机器语言进行编程。其他课程也是如此，在项目式教学的基础上，学生综合运用所学的知识，结合老师教授的创客技能解决问题。

为了保证创客活动能够长期有效地开展下去，学校采用定性和定量的评估方法，力求通过多种评价方式，激发学生的学习乐趣，增强学生的自信心。我们要求学生坚持撰写日志或手记，可以通过文本的形式写作，也可以通过视频日记或播客的形式书写，教师根据学生的自我反思和诚实度来评估学生。

实践证明，对从项目中进行深度思考获得的“程序性知识”进行奖励，远比对实际项目本身的失败或成功进行评价来得更加重要。在设计课程和组织教学的时候，教师会有具体的课程目标，制订诸如“创造程度”“最高投入产出比”等要求，这就给学生提出了更高、更多、更有难度的要求，学生就有了比实用性更多的考虑，也提升了思考的广度和深度了。

三、规划未来，为创客教育注入源动力

近年来，学校创客教育成果丰硕：学生积极参与各级各类创客竞赛活动，共获奖五百多项：在全国中小学生电脑制作活动，全国信息学奥林匹克竞赛，河南省青少年创新大赛，河南省科协、电教馆组织的机器人比赛等各项大型创客竞赛中，均获得过优异成绩。

更重要的是，作为首批河南省中小学创客教育示范校、郑州市行知行创客教育课程——创意电子联盟的盟主单位，郑州市第十一中学始终注重发挥示范校的引领、辐射、带动作用，抓住关键，精准发力，推动了区域创客教育工作的开展，并积极承担郑州市创客教育示范校、试点校线上培训分会场

工作，接待河南省中小学创客办公室安排的各类兄弟学校的参观交流等，不断扩大学校创客教育的知名度，做好河南省创客教育的排头兵。

在开展创客教育的过程中，我们存在着一些困惑，也在不断地反思：一是课时量不足。由于课时量有限，课程内容较多，学生无法深入地进行学习和练习，久而久之，很多学生就感到了项目的无趣。但是如果保证学生对知识的掌握程度，可能就会面临完不成课时计划的情况。二是设备有限。学生在上课的时候，往往是两三个人一组，共用一组器材，可能就没办法亲身体验制作的快乐。三是场地限制。我们的创客课程大部分在计算机教室完成，而像开源电子和机器人这样的课程，是需要足够的空间来操作的，这也很大程度地限制了学生学习的有效性。

未来，郑州市第十一中学将从以下几方面做出努力：一是升级硬件设施。更换、增添先进的造物设备，给全体学生提供更好的实践操作环境，同时筹建星空探索实验室，开设天文学科，普及天文知识，培养学生兴趣，选拔灵性人才；积极与社会知名创客企业开展合作，搭建学生校外创新实践基地，学习先进的创客理念。二是提升课程开发及科研水平。结合创客项目，在专家指导下完善适合学校特点的校本课程体系，满足学校创客教育发展的需要。三是加强对外合作与交流。未来，学校将加大与高校、企业和研究机构的合作力度，借助专业力量和社会资源，不断提升自身的创客教育水平，加大对创客特长生的培养力度，为学生的多元发展开辟一条新路。

今天的郑州市第十一中学，正承载着新的希望，以打造特色创客教学模式为契机，以实践核心素养教育理论为目标，全力以赴，为争创全国名校而不懈努力！

王　瑞 郑州市第二高级中学校长

正高级教师，特级教师，首届国家基础教育教学成果二等奖项目主持人，教育部名校长第 10 期优研班学员，河南省优秀专家，河南省教育厅优秀教育管理人才，河南省中小学名校长，享受国务院政府特殊津贴。

信息化环境下的校本课程

随着学校课程体系建设的多样化和教育信息化的快速发展，如何更加有效地落实国家教育方针，如何更加完善地体现不同学段课程的价值，如何更加系统地构建学校课程体系，成为当前中小学课程建设需要关注的问题。

从 2010 年我担任郑州市第二中学校长以来，10 年的教育教学研究和实践，10 年的继续教育和校长培训学习，促使我不断思考、不断提升和完善学校的办学理念、育人目标、学校文化等基本问题，构建了信息化环境下的学校课程体系，开发实施了创客教育特色课程，形成了一些学校课程建设的基本认识和实施策略。

一、基于育人目标的学校课程体系构建

2014 年 3 月，教育部颁布了《关于全面深化课程改革　落实立德树人根本任务的意见》（简称《意见》）。根据《意见》精神，我们从学校实际出发，把培养目标“培养全面而有个性的创新人才”具体化为“健康、博爱、有为”三个维度，关联“立德树人”文件中突出和重点强调的六个方面，指向核心

素养的九大领域，并且建立了相应的校本课程体系，基本形成了校本化的核心素养体系和课程体系。

新的课程体系以人生发展、个体成长为主线，以“培养全面而有个性的创新人才”为课程目标，围绕“健康、博爱、有为”三个子目标，规划设计三个系列六个模块的校本课程。第一系列是以培养“健康”素养为主题的“奠基健康人生”系列课程。模块一是学会学习，包含乐学善学、勤于反思、信息意识三个方面；模块二是健康生活，包含珍爱生命、健全人格、自我管理三个方面。第二系列是以培养“博爱”素养为主题的“升华博爱人生”系列课程。模块一是人文底蕴，包含人文积淀、人文情怀、审美情趣三个方面；模块二是科学精神，包含理性思维、批判质疑、勇于探究三个方面。第三系列是以培养“有为”素养为主题的“进取有为人生”系列课程。模块一是责任担当，包含社会责任、国家认同、国际理解三个方面；模块二是实践创新，包含劳动意识、问题解决、技术运用三个方面。

按照上述框架结构和课程目标，规划学校、学科、教师三级课程体系。学校规划课程分“奠基健康人生”系列课程、“升华博爱人生”系列课程、“进取有为人生”系列课程三大类，根据学校需求以及课程实施情况，每年购买、引进2—3门精品课程，包括实施课程的师资资源。学科规划课程有语数英、理化生、政史理、体音美和信息技术，每个学科开发1—3门课程，纳入考核评价。每个任课教师开发一门课程，纳入考核评价。

校级课程为学生必修课，分散在三年中，每周1节课纳入课表。研学旅行课程纳入社会实践课时，在高二进行。学科课程为该学科的精品课程，经学校认定后作为学校的骨干课程，在高一、高二年级开设，学生选课后每周五下午统一进行。教师开发的课程要经过教师发展中心审核认定，符合条件后由学生选课，选课人数达到20人可以开课，少于20人可以作为课程资源，待场地条件允许时开设。

二、创客教育课程的开发与实施

郑州市第二中学的课程改革从2012年开始进入新阶段，主要内容是对国家课程的校本化实施。一是将信息技术与教学深度融合，转变教师教学方式和学生学习方式，构建了移动自主学堂，形成了“四课型渐进式自主学堂”的课堂形态；二是开展基于教研组的学科建设活动，确立了基于标准的教学和国家课程校本化实施的课程改革方案，对国家课程进行整合和细化，探索和实践有效教学；三是建设校本课程体系，增加课程的选择性。

到2015年年底，学校领导班子在进行新一轮课程规划时，发现学校的课程虽然比较丰富，但缺少探究性和实践性融合的课程，缺少项目式、跨学科学习的课程。这样的学校课程体系从新课改要求来看就是课程结构不完整，培养学生综合素质、核心素养的必备品格和关键能力要素不健全。

2015年11月，郑州市教育局率先出台了《郑州市教育局关于开展创客教育的实施意见》，要求积极开展创客教育的实践与探索，让每一间教室都成为创客空间，让每一个学生都成为创客。

在这种情况下，学校经过周密论证，决定有效利用我校的信息化教学优势，开发与实施创客教育课程，培养学生的创新精神和实践能力，有效实现学校“培养全面而有个性的创新人才”的育人目标。

郑州市第二中学开始研究论证创客教育课程的开发与实施问题，此后的研究与实践在融合中发展，研究促进应用，应用又丰富研究。大致经历了四个阶段。

准备阶段（2015年11月至2016年1月）。这个阶段我们对学校的课程体系进行了周密的研究和梳理，对于开设创客教育课程的必要性和可行性进行了认真的分析论证，统一了思想，理清了思路。2016年2月开始在高一和高二年级创新班率先开展，秋季开学后在高一年级全面展开。在两个多月时间内，学校落实了教师团队组建、创客空间建设、相关设备采购等保障问题。教师团队落实了初步的核心课程开发、教学模式确定、创客手册编写等课程准备工作。

起步阶段（2016 年 2 月至 2017 年 8 月）。这个阶段在研究层面进行了创客教育的顶层设计，开展教师培训，开发创客教育课程群，编写课程纲要、实施方案，编写项目式学习的具体学习流程，确定课程评价方式等。在应用层面教师发展中心排定课表，学生选课，走班上课，培养学生将创意制作成作品，组织学生参加各种机器人比赛、创新大赛等赛事，开展微电影比赛、举办微电影节。

发展阶段（2017 年 9 月至 2018 年 8 月）。整合各种实验室，建设创客空间，完善空间功能，建成具有学校特色的“苹果树下”创客空间；开展基于学生自主管理、自主发展的教学管理与活动体系；组建学生社团，创建创客俱乐部，开展丰富的课内与课外结合的社团活动。

完善阶段（2018 年 9 月至 2020 年 6 月）。进行师资建设与管理研究，完善师资建设制度机制；与商汤科技合作，引入人工智能课程，开办人工智能创新班；改进教学方式和评价方式，形成成熟的课程实施与评价体系；完善学生社团组织管理方式，丰富社团活动内容；形成成熟的品牌课程，促进学校育人目标的全面实现。

我们学校将创客教育与信息化教学、生涯教育进行整体设计，作为学校深化教育教学改革、变革育人方式的切入点和突破口，在管理、组织、制度上大胆创新。学校成立了创客中心，将创客教育教学作为学校教育教学的一个重要组成部分进行规划和实施。课程由单一性转向跨界多样性，由片面的学习转向全面学习，构建基于项目式学习的教学模型，做到教学做合一。

三、基于项目式学习的创客教育课程的开发、实施、评价

在郑州市第二高级中学，创客教育课程作为选择性必修课，每个学生在高中阶段必须选择学习，一般在高一和高二年级进行，每周 1—2 个课时。因而，基于项目式学习的创客教育课程的开发、实施、评价就尤为重要。

郑州市第二高级中学课程建设的总目标：创新精神的培养，创客能力的习练，产业知识的启蒙。课程设置的基本思路：在课程形态方面，创客教育课程的教学阵地切入学校教学组织的多个空间，包括学科延展型、跨学科融

合型、校本研修型和校外实践型等课程形态。课程开发的基本形式包括团队开发、个体生成、协同开发、引进改造等。课程实施理念包括生活教育理念、创造思维理念、深度学习理念、STEAM 学习理念、过程评价理念、生长教育理念。课程实施要点包括回归真实世界的现实情境创设、基于高品质任务的教学设计、围绕精益迭代的课程组织、借助多种手段为学生提供资源保障等。课型结构包括信息技术创客、艺术设计创客、创意制作创客。课程评价有评价原则、评价内容、评价方式三个方面的内容。

将创意、点子变成现实的过程就是创客的核心价值所在，创客教育就是培养创客的教育活动，通过循序渐进的方式开展创客学习活动。初级阶段：激励好奇，点燃创意，替代、模仿；中级阶段：动手尝试，开启智慧，改进、增强；高级阶段：深度体验，提升思维，创新、重塑。

在郑州市第二高级中学，创客课程管理和运行有一套比较成熟的机制。在课程开发方面，创客活动常态化，不限定具体的课程和实施时间，通过全学科课程推动活动，进行跨学科课程开发和实践、特色创客课程开发和实践；在管理和运营方面，培养学生管理的能力，在导师的指导和引领下，由学生管理功能教室。同时，学校成立创客俱乐部。俱乐部以社团形式开展创客活动，至少保证每周一次活动。

截至目前，郑州市第二高级中学开发出“基于项目式学习——PBL 基础（必修）”“创意梦工厂”“影像艺术与校园生活”“中学物理与法庭科学”“数字化科学探究”“艺术设计与创新思维”“多旋翼无人机”“人工智能”等课程。

为保证创客教育的顺利开展，学校建立了三级管理体系。学校层面由副校长姜波负责教育创新工作，主管创客教育；教师发展中心作为职能部门，负责创客教育的师资管理和课程管理；在此基础上，建立了创客教育中心，王建伟老师担任中心主任，另外还有两名专职教师。这是学校成立的第一个学科中心，之所以称作学科中心而不是教研组，就凸显了创客教育的综合性和跨学科性，也体现了学校把创客教育作为课程建设和教育创新的重点项目重点建设的发展思路。

王保军 郑州市第七中学校长

中学正高级教师，特级教师，河南省中小学名校长，河南省跨世纪学术带头人，河南省教师教育专家，河南省百千万人才工程学科带头人，河南省教育厅优秀教育管理人才，全国先进工作者，全国优秀中学校长，全国五一劳动奖章获得者，享受国务院政府特殊津贴。

博雅教育理念下的校本课程

民族复兴，国家强盛，科技腾飞，教育是根本。中国基础教育的重点已经从普及转向内涵提升的品质发展，博雅教育是实现高品质教育的重要途径。博雅教育强调教育不仅是知识的传授，更是心灵的陶冶，包括有效的思考能力、有效的沟通能力、做出适当判断的能力和价值判别的能力。

一、博雅七中的缘起

我在2009年5月担任郑州市第七中学校长时，并不了解博雅教育。

走上校长岗位，也开始走上教育管理之路。学校应该是一个什么样的地方？她应该把师生带到哪里去？达成理想的教育，学校必须做出哪些改变？带着这些问题，我和我的班子对郑州市第七中学进行了涉及教育、教学、课程、师资、体育、艺术、校园环境等一系列领域的全方位变革，这些变革围绕一个词展开——博雅教育。

中学阶段的学生面临巨大的升学压力，要不遗余力地为升学准备，而这样的教育却不知失去了多少培养学生创新逻辑思维能力、为学生提供更大发展空间的机会。如果教育可以照顾到孩子的个性特长、生活方式、学习习惯的培养，这种引导学习、指向特长、因材施教的教育，以健全人格为教育重点，在实现人的全面发展基础上增强社会竞争力，实现人的意义价值与工具理性的统一，这便是所谓的“博雅教育”。

博雅教育以人的发展为中心，培养人的理性、修炼人的心智、提高人的精神境界和追求、发展人的个性特长，这些恰恰也是我国高中教育改革的目标方向。我们根据党和国家教育改革的方针政策，对传统的博雅教育提出新的适合时代的解释，并以此为指导全面推动学校改革发展，取得了比较明显的成效。**实践证明，以博雅教育为载体全面推进实施素质教育，是实现高中教育高品位发展的重要途径。**

郑州市第七中学强调“博在学识渊博，雅在素养高雅，以学习者为中心，搭建平台、鼓励创新、独立思考，关注能力、注重人格、强化养成”，这是博雅教育在现代教育环境里的落实，是回归教育本源的积极探索。郑州市第七中学选择博雅教育作为自己的教育思想理念，既有别于大学阶段的通识教育，也不同于小学阶段的规范教育；既不同于西方古代的贵族教育，也不同于当前盛行的“有用的教育”，而是直指中学生“人格健全、个性发展”的教育，是对教育根本意义与价值的全面回归。

郑州市第七中学的博雅教育，着重培养学生的“四种素养”，即独立思考能力、语言表达能力、执行能力、领导能力；持续打造学生的“五项技能”，即自主学习技能、外语应用技能、信息技术应用技能、游泳技能、驾驶技能，培养“家国情怀、博学多识、素养高雅、思维创新”的未来人才后备军，让学生在体验中成长，在成长中成才。

二、博雅教育在郑州市第七中学的五个发展阶段

郑州市第七中学围绕博雅教育的核心思想和主要内涵进行学校教育的系统整合，构建起基于博雅教育的学校整体育人体系，形成了具有自己特色的德育和人格教育体系、博学多识的学校课程和教学体系、丰富多彩的人文教育与艺术素养教育活动、具有鲜明特点的思维训练活动。这些教育教学活动

在促使学生完成基础性课程学习的同时，全面锤炼学生的品格、提升学生的价值与精神追求、不断丰富学生的人文知识、充分发展学生的个性特长，并促使学生形成批判性创新思维习惯，在实践中已经初步彰显成效，树立了良好口碑，引起全社会的广泛关注和赞扬。

博雅教育在郑州市第七中学，大致经历了以下五个发展阶段。

第一阶段：开展教学诊断，提高课堂效率。2011—2013 年，学校安排中层以上干部深入学习《教师怎样作教学诊断》《课堂观察——走向专业的听评课》等相关书籍，并在各职能处室、年级开展了相关内容的讨论和交流。学校建立教学诊断领导小组，开发统一的观察量表，对课堂进行全方位、多角度的诊断，发现教学中存在的问题。两年的诊断活动，不断提高教师教学技能，促进教师专业发展，学校的教育教学质量得到了跨越式的提升。

第二阶段：整合课程资源，丰富学科内涵。2013—2015 年，我们以“课程资源整合”课题研究为突破口，深入探索课堂教学与课程实施的改革。在总课题组的引领下，26 个子课题组根据《郑州市第七中学课程资源整合方案》，对时间、空间、人力等课程资源进行了形式多样的实践研究，优化整合资源，打造高效课堂，提高了教育教学质量。好教师一定是在课堂中摸爬滚打，像钢铁一样锻造出来的，讲台就是一名教师成长的熔炉。为激励全体教师提高业务水平，提升学校教育教学质量，学校开展了校内教学新秀、骨干教师、名师、首席教师层级攀升评比活动。

第三阶段：明晰育人目标，构架课程体系。2015—2016 年，学校把关注的目标进一步锁定在“人”身上，探索教师与课程之间、学生与课程之间、师生与课程之间的关系，确定我校学生“四种素养”“五项技能”的培养目标。学校以“多元的课程、科学的管理、优美的环境、多彩的活动”为平台，构架学校课程体系。学校开发了以“社团课程”“阅读课程”“学科节课程”“研学和社会实践课程”“名家讲堂课程”为代表的校本课程，完善面向学生未来并富有七中特色的校本课程体系，在关注学生知识学习的同时重视学生兴趣的培养、个人潜力的激发、价值观的形成，通过各种实践体验活动，实现在提高成绩的同时张扬个性。

第四阶段：重塑师生关系，践行博雅教育。良好的师生关系，是我们践行博雅教育最有力的抓手。2016 年至今，学校把注意力聚焦在师生关系上，评选“博雅教师”“博雅少年”；讲述“我们身边的故事”，以“亲近、信任、尊重、理解、关爱、融洽”为关键词重塑师生关系。老师们以平等的姿态，亲近、信任每一个学生；以赞赏的目光，尊重、理解每一个学生；以宽容的胸怀，关爱、鼓励每一个学生。

第五阶段：以学习者为中心，推进智慧教育。2016 年，郑州市第七中学全面推进具有学习环境智能化、资源推送智能化、教学形式灵活多样和反馈评价即时高效四大特征的智慧课堂，为学生提供了开放的学习环境、海量的学习资源和有效的认知工具支持。教师能快速地收集到学生学习的过程性信息，及时检测学生的预习和掌握情况，了解学生学习的难点及形成的原因，快速精准地判断出学生的知识结构和能力倾向。教学进度的设置更加科学合理，有利于挖掘教学的深度和增加教学的强度。

三、郑州市第七中学践行博雅教育的特色及亮点

郑州市第七中学坚持“全面发展和个性特长相结合”的学生培养目标，着力培养学生的学习能力、实践能力和创新能力，使学生成为“家国情怀、博学多识、素养高雅、思维创新”的现代中学生。

践行博雅教育以来，郑州市第七中学呈现出诸多特色及亮点。

家国情怀——成才先成人，育智先育德。郑州市第七中学始终坚持“成才先成人，育智先育德”的优良传统，从初中校区“周恩来邓颖超青年时代纪念馆”的“为中华之崛起而读书”到高中校区“雷锋同志事迹展览室”的“全心全意为人民服务”，再到亲身体验跨越时空的不同人生之路，确立人生方向。我们的育人早已超越了千篇一律的说教、示范模式，而是六年一贯，用体验活动给学生铺设一条高起点、高标准、高趣味的成长之路，反复锤炼其独立思考能力、语言表达能力、执行能力、领导能力，让他们的身体和灵魂都在这条路上体验最美的人间风景。在研学体验中强化了“四种素养”，坚定了理想信念，同时也开启了对未来的规划。**信仰在心中，未来在脚下，**

认准未来目标，学会时间管理，这些满满的收获都将伴随他们一路披荆斩棘，勇往直前！

博学多识——理念引领敢为先，源头活水滚滚来。结合学校资源优势，考虑学生终身发展、教师专业发展、学校高位运行和多元办学元素等因素，着力构建以学生发展核心素养为统领，以体验为特色的“五领域、三梯度”课程体系。学校整合课程资源，分为基础课程、拓展课程、探究课程三个梯度，开设了四十多门校本课程。这些课程为学生提供了更多的成长机会，学校的图书馆、实验室等场馆为各项课程实施提供保障，满足学生多元个性发展的需求。

素养高雅——春风化雨润无声，百花齐放春满园。郑州市第七中学的校园环境方正典雅、错落有致，让人走进就会自觉整理衣冠、规范言行。在郑州市第七中学，以名家讲堂、学生社团与社会实践、研学为主体的第二课堂，可谓丰富多彩，精彩纷呈，这是践行博雅教育的重要举措，为培养素养高雅的中学生搭建了坚实的平台。

思维创新——深思而慎取，切问而近思。创造性地工作是一切工作的本质要求与最高境界，思维创新是一切创新的基本特征和根本途径，思维创新的总门径是品格修炼与习惯养成。中学六年是培养学生思维品格和思维习惯的黄金时期。郑州市第七中学以智慧教育为抓手，力推“三度”（进度、强度和深度）教学研究，营造“深思而慎取”“切问而近思”的校园学术氛围，着力培养学生的超前思维、实际思维和发散思维。

在实践博雅教育中，我们一直面对巨大压力，可以说是“戴着镣铐跳舞”，社会的人才观、成才标准难以改变，功利社会的逐利需要难以抵抗，学校办学资源难以支撑充分发展：依法治校有待加强；干部创新意识和执行力、教师课程开发的专业素养、教师的师德修养均有待进一步提高；符合学校远景的教师评价机制有待进一步完善。这些都是在现实中经常遇到并需要解决的问题。

尽管博雅教育的路很难，但我们仍然坚定地负重前行，因为我们相信这样的方向是正确的。

激发
——用好学校发展的团队

刘成章 郸城县第一高级中学
党委书记、校长

特级教师，中学正高级教师。党的十九大代表，全国劳动模范，享受国务院政府特殊津贴。河南省人大代表，河南省学术技术带头人，河南省优秀专家，河南省中小学名校长，首届河南最具影响力校长。

系统优化抓管理　以人为本促发展

学校是培养人才的机构，人是教育教学工作的核心。为让更多学子考入理想大学，我校坚持以人为本，遵循系统优化的方法，提出大质量观，统筹学校发展的各个方面，努力处理好人本与人心、干部与干劲、刻苦与科学、考试与应试的关系，调动师生员工的积极性，促进学校高质量发展。

一、把握核心立场，处理好人本与人心的关系

学校管理的出发点和归宿点都是人，学校管理的动力和核心也是人，学校管理的成功与失败也取决于人，所以学校管理必须以人为中心，这是由学校的特殊性所决定的。

我校树立以人为本、师生为本的办学理念，本着“经营人心，凝聚人心，调动人心，达到万众一心”的工作思路，遵循“复杂的事简单化，简单的事规范化，规范的事精品化，精品的事人性化”的工作要求，尽力、尽量、尽能为师生员工提供一个良好的工作、学习、生活环境，让学校成为师生员工的学园、乐园、家园，让广大师生员工感受到领导对他们的重视，体会到学

校大家庭的温暖，激发广大师生员工干事创业的激情。

如在用人上，我校坚持遵循“想干事的有机会、能干事的有舞台、干成事的有位子、不干事的有压力”的用人导向，让“有看家本领——业务精通、有当家本领——独当一面、有发家本领——开拓创新”的同志干起来、火起来，让大家眼前有盼头、心里有想头、工作有干头、前途有奔头，从而激活学校整个用人机制。

为构建安全稳定的和谐校园，我校大力倡导公平、正义、宽容的理念，尊重人、关爱人、依靠人，在全校营造一个相互尊重、相互关心、相互理解、相互支持的和谐氛围，始终用和谐的音符推动学校稳定持续的发展，以发展增和谐、以改革促和谐、以公平求和谐、以稳定保和谐。为实现人际和谐化，我校要求组织对个人做到公正、公平，尊重和保护每个人的合法权益；个人对组织多讲一点服从，多看一点大局，多做一点贡献；个人与个人之间多一点尊重、多一点爱心；个人对自己要多一点自律，加强自我修养，学会“修己以敬”；各级领导干部始终与师生员工同呼吸、共命运、心连心，重实际、说实话、办实事、求实效，全面贯彻尊重劳动、尊重知识、尊重人才、尊重创造的方针，形成鼓励人才干事业、帮助人才干事业、支持人才干好事业的良好氛围。

我校把关心教师疾苦、积极为教师解决实际问题、为教师办好事做实事当作突破口，激发教师爱岗敬业的热情，引导广大教师用感情、真情去工作，用感恩、感动去做事，用师品、人品去生活，打造教学业务一流、名家辈出的教师团队。

二、围绕整体性，处理好干部与干劲的关系

推动学校高质量发展是一项整体工作。这就要求我们必须重视部分的作用，用局部的发展推动整体的发展。为推动学校高质量发展，我校遵循“工作落实有干劲、抓好干部提干劲”的思路，激发教职工爱岗敬业的热情，调动教职工的工作积极性。

我校坚持用制度约束人，实行全员聘任制、年级负责制、结构工资制、

四维一体制，激发广大教职工干事创业的激情，用教职工的工作业绩推动学校发展。所谓四维一体制，就是以质量提升为核心，以即时化管理平台为载体，遵循“抓质量重管理、抓管理重常规、抓常规重实效、抓实效重考评”的思路，通过落实工作方法、完善管理制度、创新管理措施、加强典型引领等举措，加强教育研究、师德建设、学生管理、过程考核，不断提高管理水平、育人水平、规范水平、评价水平，全力营造适度紧张、高度自觉、积极向上、勇于争先的教育教学氛围。各类制度出台后，我校严格按照制度办事，看制度不看人情，看政策不看关系，坚持制度面前人人平等，不因人情关系歪曲制度和政策。用制度抓好教育教学过程中的每一个环节，抓好每个环节的具体过程，强化对教育教学过程和后勤服务管理的督查、总结、反馈与矫正、反思、整改，保证各项制度的落实，确保用制度约束人。

我校坚持用评价引领人，通过各种物质激励和精神激励，给教职工提供各种成长与发展机会，争取人心，抓住人心，改变人心，赢得人心，为学校事业的不断进步提供不竭的动力。一方面，我校关注、关怀教职工，让其体会到家的温馨和关怀，培养他们的主人翁责任感，引导广大教职工用感情、用真情去工作，用感恩、用感动去做事，用师品、用人品去生活，努力把学校的发展由个别人关心、少数人操心变成大家操心、人人尽心，使广大教职工在工作、学习中“人人有事干、处处有舞台、时时有进步”，为学校的持续发展打下深厚的人文基础。另一方面，我校狠抓干部队伍的作风建设，发挥管理干部示范、引领作用，要求管理干部“耐得住寂寞、经得住诱惑、管得住小节、守得住清贫”，用干部作风推动学校整体工作的全面提升。

三、遵循有序性，处理好刻苦与科学的关系

教学质量是办学质量的核心，而教学质量的提升是一项系统性的工程。这就要求我们必须遵循系统内部结构的有序性，全面提高教学质量。为全面持续提高办学质量，我校通过“抓管理，用刻苦营造干事创业氛围；抓教学，用科学促进质量持续提升”，努力实现教育教学在管理中求高效、复习备考在变革中求科学、教学质量在变化中求突破。

在质量提升上，我校以科学为前提，遵循教学规律，提出“教学是良心活要实干、教学是功夫活要苦干、教学是技术活要巧干、教学是团体活要共干”，规范教学教研行为，贯彻“功在课前、效在课中、勤在课后、研在课外”的教学理念，构建以课堂为主阵地的质量提升工作体系，促使教师不断向新的层次迈进，努力形成“爱生、乐教、善研、创优”的教风。

为落实“功在课前”，我校要求教师课前备教材、备学生、备资料、备教具，并通过各种形式，了解学生对每节课所讲内容的理解程度。为实现“效在课中”，我校大力开展改革课堂、提高效率的教改活动，强调教师上课不能唱独角戏，要采用不同形式调动学生的积极性，充分发挥学生的主体作用，让学生参与到课堂教学中去；强调教师讲课要关注学生，要走到学生中去，使每位学生每节课都紧张而有压力，时刻围绕教师的讲课内容去思考。为确保教师“勤在课后”，我校要求教师课后及时记录教学过程的心得体会，备课组内要经常进行随机性的教研，并通过听评课等措施不断提高课堂教学效率。为引导教师“研在课外”，我校提倡教师业余“充电”，通过举办讲座、观摩教学等活动引导教师转变观念，提升教学水平；通过政治理论学习，打造团结奋进的团队。

在学校管理上，我校一方面遵循学生身心发展的规律，把选择权让给学生，让学生学会学习的方法，激发学生学习的兴趣，提升学生的自主性和独立性，突出学生的个性，培养学生的适应能力和生存能力，使学生成为课堂教学的主角、教育的主体和获得知识的主动者，促其完善、助其发展，使学生的个性和主体性内化为发展的动力，让学生享受到学习的快乐。同时号召全体教职工大力发扬“敬业高于一切、爱岗胜于爱家、工作勇于创新、管理敢于较真、成绩在于超越、目标归于幸福”的郸城一高精神，操心实干、埋头苦干、创新巧干、协作共干，促使学校发展由规模向内涵转变、由粗放向精细转变、由同质向特色转变、由物化向文化转变，确保学校持续健康发展。

四、注重结构优化，处理好考试与应试的关系

学校的教育教学工作作为一个整体，具有每一个部分都不能单独具有的

功能。为切实提高学校的管理水平，我校着眼于学校发展的整体，统筹素质教育与考试、应试的关系，按照“着眼于早、立足于实、用心于研、成功于巧”的工作理念，引导广大教师秉承传统、爱岗敬业、高风亮节，把教育教学工作作为崇高的事业，努力在平凡的岗位上做出不平凡的业绩。

我校在“素质教育不是不考试”的教学观念指导下，以不断提高教学质量为根本，正确处理素质教育与考试、应试的关系，坚持“严在细节、管在过程”，优化教育教学常规，狠抓教学考练等教学环节，确保学校密切关注教学、教师密切关注学生，发现问题及时分析原因，及时采取对策进行有效调控，努力做到教育教学精细化。

我校对每一次会议、每一项举措、每一节课、每一次教研、每一次听评课、每一次考试，都严密组织、严格要求、严明纪律、严肃评价，向精心要质量、要结果。如在各类考试中，我校采取了一系列的“较真”动作：一是命题较真，试卷的保密性可以与中高考相媲美；二是监考较真，严明的考纪使学生投机取巧的打算只能停留在心头；三是制度较真，监考、评卷等工作中出现问题不分年龄大小、职务高低一律通报到人；四是结果较真，奖金的发放、教学明星的评选等都以考试成绩、评教结果等客观数据为准。

为使学校高考成绩不断创造新辉煌，我校在“一年高考、三年备考”理念的指导下，形成全校抓高考的氛围，做到“高一抓基础养习惯，对接高考；高二抓提高强训练，融入高考；高三抓冲刺壮能力，实战高考”，实现复习备考“三年一盘棋”，做到特优生、希望生、困难生一起抓，达到抓特优生，确保清华大学、北京大学录取人数稳中有升，名校录取人数有突破；抓希望生、困难生，放大他们的优点，增强他们的信心，实现个性化发展，全面提高学校教育教学质量。

郭勤学 郑州市第十一中学校长

中学正高级教师，河南省先进工作者，河南省特级教师，河南省教育系统先进工作者，河南省教育厅优秀教育管理人才，河南省首批中小学名校长，连任河南省第六届、第七届政府督学。

青年教师群体如何快速提升

2005年，郑州市第十一中学开辟了新校区，学校也扩大了办学规模。从2010年开始，学校新进120多名青年教师。如何让这批青年教师快速拔节成长、挑起大任，成了压在我心头最大的“石头”，更是整个学校迫在眉睫的任务。我和学校领导班子成员一起商量对策、外出学习、借鉴其他学校的有效做法，开始了漫漫求索之路。

开始，在青年教师的专业发展上，我们还是沿袭过去的老路子，采用“五子登科”的方式：成才计划“明路子”，专家引领“架梯子”，厚积薄发“铺底子”，师能比武“搭台子”，量化考核“定尺子”。但实行一段时间后，我渐渐发现了此举弊端，大部分青年教师被学校逼着、推着往前走，专业成长方面缺乏主动性、自主性，个别青年教师参与活动的积极性不高，有的还为完成学校任务而疲于应付甚至心生怨气。一时间，青年教师的培养工作陷入僵局，寻找青年教师成长的路径成了萦绕在我心头的一个大难题。

在持续深入思考和外出调研后，我认识到：青年教师的培养和发展模式不是一成不变的，应该“审时度势”“与时俱进”。在深入了解青年教师的思想发展实际后，我们确立了“学校引领，自主发展”的培养模式，尽最大可能给青年教师更多的自主权、选择权，多形式、多渠道、多方位进行培养，引导他们在岗位实践锻炼中积累经验、砥砺品质、锤炼作风。

一、“你成功的速度，将取决于你身旁人的素质”

120 多名青年教师，年龄段又相对集中，俗话说“近朱者赤，近墨者黑”，如果实现了群体的提升，势必会带动个人的发展。世界顶尖潜能激发大师安东尼·罗宾曾经说过：“你成功的速度，将取决于你身旁人的素质。”所以，搭建一个能够让青年教师畅所欲言、相互激励和彼此启发的平台，显得尤为重要。

2012 年年初，学校广泛征求意见，通过问卷调查、代表座谈等方式进行调研，最后决定由教科室组织成立青年教师成长研修共同体，并根据学科特点和工作分工，划分出 4 个研修共同体，分别为：班级管理研修共同体、教学技能研修共同体（文）、教学技能研修共同体（理）、教育服务研修共同体，每组指定两名负责人，依照学校安排定期开展主题活动，旨在通过“沙龙式”活动和“青年教师论坛”等活动，使青年教师相互感染、相互熏陶，分享成功的喜悦，体验职业的幸福，化解成长的苦恼，消除工作的困惑，实现团体与个体的比翼齐飞。

2012 年 2 月，青年教师成长研修共同体成立大会隆重召开，我在会上做了题为《追求职业理想，实现职业幸福》的动员讲话，教科室主任对共同体工作做了具体的安排和部署，青年教师共同体的活动就此如火如荼地开展起来。经过五年多的实践，在学校各方的引领下，4 个研修共同体根据自身的学科特点及成长需求，通过喜闻乐见的活动方式，开展了丰富多彩的教学活动。每逢“沙龙”活动日，大家或是聚在一起畅所欲言，交流心得，相互借鉴；或是邀请校内外富有经验的优秀教师传授经验，解难答疑，指导提高；或是组织富有趣味的集体活动，释放压力，增强凝聚力。

如今，研修共同体已经成为青年教师成长的精神家园，大家在一起，智慧共分享，理想共激励，比学赶帮超，一大批青年教师实现了快速成长，许多不满6年教龄的教师在工作中挑起了大梁，80%的青年教师担任了班主任工作。在具体实施过程中，我们又提议实行“导师制”，实施“青蓝工程”。我们给每位新教师配一位骨干教师作为指导教师，每年教师节还要举行隆重的师徒结对拜师仪式。用3—5年时间，让指导教师对徒弟从课堂教学、教育管理课题研究、师生关系等方面进行细致科学的指导，并加强相互间的交流与合作。每学年期末时，我们会根据各种量化考核表对带徒“导师”进行考核表彰。在导师的引领下，青年教师实现了由“学生”到“教师”的转变，能够适应并科学地处理教学与学习之间的关系，实现了快速成长。导师制的实施是成功且有效的。

二、在专业技能和综合素质上“更上一层楼”

在鼓励青年教师多样化、个性化发展的同时，我一直在思索：如何为青年教师提供更多的展示平台，提供更多外出培训学习的机会，让他们通过思想的交流、碰撞、融合，拓宽视野，锻炼能力，争取在专业技能和综合素质上能更上一层楼。几年来，在不断的教学实践中，我们努力摸索出以下几点行之有效的策略——

搭建参加比赛的“训练平台”。每学年，我们会开展多项青年教师课堂教学实践活动，如“青年教师问题查摆课”“专题汇报课”“过关验收课”等常态课展示，还有每年一届的“青蓝杯”赛课活动，在专家委员会甄别、大赛评委点拨、师父手把手指导、同学科教师帮助鼓励下，青年教师通过准备课磨炼自我，通过反思课提升自我，通过评价课激励自我……不仅如此，我们还敢于放手，为青年教师提供外出参加各类优质课比赛的机会，其中多人获得荣誉，实现了个人的跨越式发展。

搭建草根探究的“展示平台”。近年来，我们还坚持让青年教师每人每年承担一个校级课题，从开展小课题研究入手，本着“教学工作问题化、教学问题课题化、课题研究工作化”的原则，提出“宽立项、强过程、重发展”的思路，基于青年教师的科研能力尚有所欠缺，我们就引导青年教师实施“草根式”研究，从选题到定题到课题表述，都由导师和教研组长严格把关、修正。

与此同时，我们督促学校教科室注重过程监管，每年评出 10 个优秀课题进行展示和奖励，并选送青年教师围绕课题研究撰写的优秀论文参加比赛或投稿，五年多来已有一百余篇论文在各类比赛中获奖。我始终认为，**教育研究和写作是青年教师不断反思审视、提炼、升华自己教育实践的过程，更是总结教育规律、沉淀教育智慧的过程，一个善于并乐于拿起“笔杆子”的教师，必定可以在专业科研的道路上越走越远。**

搭建自我提升的“读书平台”。好书是青年教师精神“补钙”的最佳“营养品”。我们一直坚持引领青年教师注重阅读，在不断阅读中开阔胸怀、提升境界。为此，学校每年都设有青年教师购书专款，定期为青年教师购买书籍，并择时进行读书心得交流展示活动，让青年教师利用这个平台涵养精神、提升能力，也为学校的发展积淀实力、储蓄能量。

搭建对外学习的“交流平台”。省市级培训除要求必到的骨干教师外，只要不限定名额，学校每次都会搭配一定数量的青年教师参加；校际间的教学赛课、教学研讨，一定是青年教师优先参加；上级主管部门的业务考核，主推青年教师进行展示；省级以上的相关比赛，鼓励青年教师积极参与……多措并举开阔了青年教师的眼界，激发了大家的钻研激情。

三、人才的培养在于使用

“大胆使用，合理使用，爱护使用”是我们自始至终坚持的用人原则，通过压担子让青年教师在实践中增长才干，在岗位上大显身手，在关怀下健康成长，努力创设环境，让每一位青年教师“人尽其才”是我们永不停歇的追求。

从根本上讲，学校的长期发展与青年教师的个人成长是同步的，是密不可分的。因此，我们大胆地尝试让青年教师参与学校决策，在教代会中设有若干名额，专门留给青年教师，确保他们能及时有效地对学校的发展建言献策，让他们在学校的决策中发挥应有的作用，为学校的发展增添一抹亮丽的色彩。

在我看来，学校的管理工作也是教育教学工作的重要组成部分，青年教师自然也应该在学校的管理中发挥积极作用。因此，在中层干部竞聘中，对应聘成功的青年教师，我们都会放手使用，合理安排岗位，让他们真正参与到教务、政教、总务等部门的日常管理中。大胆起用青年教师，让有能力能挑重任的青年教师脱颖而出。

功夫不负有心人。在学校的大力培养下，在一系列大胆的举措下，大批朝气蓬勃的青年教师似雨后春笋般茁壮成长起来，教坛新秀百花齐放：近年来，有四名教师荣获国家级优质课一等奖；两名教师荣获河南省教育系统教学技能竞赛特等奖，被授予河南省五一劳动奖章；两名教师荣获全国新疆内地高中班优质课大赛二等奖；一名教师荣获中国教育学会体育与卫生分会“十城市”年会录像课一等奖；多名教师荣获省级优质课一等奖，大批教师获得郑州市优质课一等奖；二十多项由青年教师主持或参与研究的课题获得国家、省、市各级奖励。我们的付出收获了丰硕的果实。

培养青年教师的真正价值，其实在于促进他们的自我激励、自我进取，在继承的基础上力争超越，从而实现“青出于蓝而胜于蓝”的目标。“青蓝工程”，对于指导教师来说，是一项充电工程；对于青年教师来说，是一项希望工程；对于整个学校来说，则是一项发挥合力的发展工程。

而今，一支高素质、年轻化的青年教师队伍已经在郑州市第十一中学初步形成，他们的快速成长，为郑州市第十一中学的优质、健康、可持续发展增添了新的动力与活力。

严万云 三门峡市外国语中学校长

中学高级教师，河南省学术技术带头人，河南省名校长，三门峡市专业技术拔尖人才，三门峡市十佳优秀青年。主持国家级、省市级教研课题十多项。

基于“教师职业幸福”的学校管理

教育的创新与发展，关键在教师。而教师职业幸福感的获得，不仅关系教学质量的提高和学生的个体成长，而且影响整个国家教育事业的发展。因此，作为基础教育工作的管理者，**如何不断提高教师的幸福指数，努力使每位教师在快乐中工作，最大限度地提高其工作主动性和积极性，如何打造幸福校园，使校园成为师生共享教育幸福的乐园，应该是我们一以贯之的追求和研究的课题。**

三门峡市外国语中学从建校初的公办民助寄宿制学校起步，发展到现在的划片招生公办学校，经过历届班子成员和全体师生的共同努力，提炼出了“享受教育幸福，体验成长快乐”的办学理念。多年来，学校围绕这一办学理念，在课程设置、制度建设、管理文化等方面进行了许多有益的探索和研究，确立了一切管理目标指向教师职业幸福的管理理念。

一、努力做好物质待遇及安全需求的制度建设，为教师职业幸福提供基本保障

教师的职业幸福源自需求被满足后而产生的欣喜、愉悦的心情，而最低层次的需求便是物质保障和安全需求。因此，只有满足教师的物质需求，才能保证教师专心从事教学工作。

从学校管理层面来说，我们严格贯彻落实上级政策规定，把学校里事关教师切身利益的工作都用制度来规范和保障，让教师得到物质利益和心理安全双重保障。除工资由上级财政统发之外，在学校关系到教师切身利益的不外乎绩效考核、平时目标考核、晋级晋档、职称评定、评先评优等工作。在我校，上述每一项工作都有严格的制度要求，每一项制度都是由全体教师讨论，并经教师代表大会通过。这样的管理不仅能让教师在各种评优晋级方面有明晰的路径、安全的心理环境，也能营造出风清气正、公平公正的学校管理文化。学校努力拓宽渠道，保障教师的待遇与权益。在现行财政制度下，创建文明单位是提高教师待遇的一条有效途径。

学校教师的岗位工资晋升尽管有制度保障，但在实际操作中也并不顺畅。岗位晋升难是一个普遍现象，由于历史遗留问题，我校一度出现“一岗难求”状况，多达 1/3 教师连续五六年都没有晋升过一次岗位，严重挫伤了教师工作的积极性。为解决这一难题，学校争取上级部门的大力支持，增加编制，提高比例，一次性解决了六十多位教师的岗位晋升，让更多老师有了奔头，充满了“过好日子”的干劲。

学校还筑“巢”引“凤”，加强硬件建设，配备一流的信息技术设备，建设先进的录播教室，改造宽敞的大会议室，构建优美的校园环境，提供良好的办公条件，让教师切切实实享受到学校发展带来的物质需求改善，给教师幸福感提供了有效保障。

近年来，随着媒体传播途径的发展，各种“侮师”“殴师”事件被频频报道，教师的职业安全心理在不同程度上受到了影响，个别教师甚至戏称“教师也是一种高危职业”。为了减缓教师的心理压力，提升职业幸福感，学校从管

理的角度积极作为。首先，全校上下统一思想，作为教育工作者尽责可免责，假如在正常管理学生过程中发生事故，学校一定会保护好教师；其次，学校加强家校沟通，定期邀请家长代表到学校听取学校办学工作汇报、听公开课，同时公开家长反映问题的途径，增强家校互信，保证沟通渠道畅通；再次，学校邀请专家、学者举办家庭教育讲座，提高家庭教育水平；最后，学校政教处每两周会举行一次专题讲座，针对七、八年级学生中出现的典型问题集中解决，避免因一两个典型学生的事情影响教师的心理、心情。此外，学校还特别关注教师的身体健康，建设了学校健身功能室，提供健身器材，组织开展健身活动，一年进行一次体检，邀请专家做健康保健讲座，为教师创设轻松的工作环境，保护好教师的心理安全。

二、积极营造尊重互爱的人文环境，为教师职业幸福创设文化场域

一个教师幸福努力工作的动力源自对学校的归属感和认同感，源自自我要求和组织家人般的关怀，更源自团队内部互敬互爱和合融洽的文化环境。

为此，学校在管理层面首先应重视隐性文化建设。多年来，围绕学校办学理念，我们一直倡导：三门峡市外国语中学，这里是一个工作辛苦，心灵轻松，琐事繁杂，心态阳光的校园；这里是一个自己走路也给他人留路，人人想为他人传递正能量的场域；这里事事有章可依，处处充盈着公平正义之光；这里的工作者肩负民族复兴大任，时刻准备为培养德智体美劳全面发展的建设者和接班人而不懈努力。用思想和隐性文化引领教师对职业的理解。

其次，学校坚持依法依规治校与人文关怀相结合。我们坚持依法规范科学管理与人文并重的原则，建立人文关怀机制，关怀教师生活。比如对怀孕后期孕妇考勤的照顾机制，教师子女上学的协调机制，住院生病教师的探望慰问机制，红白喜事工会的操办机制，困难职工的帮扶机制等。在建立机制的同时，特殊情况的人文关怀必不可少。总之，学校对教师生活的方方面面都给予了最人性的关怀，增强了教师对学校的归属感，提升了教师的职业幸福感。

最后，学校还多措并举营造和谐幸福的校园文化场域，以增强教师的职业幸福感。在学生层面，学校每年都会在教师节和春节组织学生开展颂扬讴歌教师和感恩教师的书信展评活动，让教师从学生的颂扬和感恩中体验教育幸福；在教师层面，学校会定期开展各种活动以增强其职业幸福感，比如教师节表彰活动，每月的集体生日活动，各种趣味游戏活动，师德师风演讲活动，团队拓展训练活动，最美教师评选活动等。不论是以评促优的评优活动还是以趣增情的文艺活动，都旨在营造尊重互爱的人文环境，增强教师的归属感和幸福感。

与此同时，学校还大力推进表扬用“喇叭”的理念，借助各种会议、电子屏等，拿起“表扬”这个武器，表扬家长在微信中对某个老师的肯定，表扬社会上对学校某种风气的赞许，表扬某类教师勇挑重担、积极替他人代课等。

多年来，作为基础教育的管理者，我还坚持在重大节日里选择恰当的时机给为学校做出巨大贡献的年级长、班主任、中层干部及家属写表扬信。

三、搭建教师自我成长平台，为教师职业幸福寻找自我实现的路径

教师的职业幸福离不开自我成长和自我实现需求得到满足后的美好感受。能豁达从容地解决教育与一些社会现象（比如个别家长不尊重教育，不敬畏教育等）之间的矛盾，能游刃有余地处理一些在教育学生过程中的问题，能高屋建瓴地做好学生的德育工作，能张弛有度地引领学生的学科学习，等等，这些都是教师获得职业幸福的途径，但同时也对教师的专业发展提出了更高的要求。

站在学校管理层面，根据教师的年龄特点和教育规律，努力建立多种成长机制，搭建多个成长平台，帮助教师实现更多层次的幸福成长。

第一，建立师德蓄养机制。教师的幸福首先在于“胸中有梦”。对于胸中有梦的幸福教师来说，教育不是牺牲，而是享受；教育不是重复，而是创造；教育不是谋生的手段，而是生活本身。为此，我们建立师德蓄养计划，通过读书学习、观看“最美教师”影片、践行“四有”好教师演讲比赛等活动，

积极引导教师树立正确的教育理想，描绘美好的育人前景，培养感知幸福的能力，学会从学生的进步、个人的成长中发现教育工作的点滴幸福。

第二，建立名师工作室机制。以省市级骨干教师、学科带头人和学校名师为中心，成立名师工作室，定期开展学习沙龙、名师讲座、名师微视频等活动，强化名师引领，树立共同愿景，强调团队内“团结与协作”“关注与期待”“理解与宽容”“支持与帮助”，激发教师的教育责任感，重塑教师的教育荣誉感。

第三，建立目标引领机制。根据教师自身的实际和特点，制订专业成长目标，以目标引领行动，如共读一本书，定期读书交流，共上一堂课，定期完成教学过程反思，课堂设计反思，教学事件反思等，在反思中成长。不断加强教师培训，为教师提供各级各类培训平台，采取“请进来、走出去”的方式，进行菜单式、目标式的培训，助力教师快速成长。

第四，建立自助发展机制。以“自助发展”为核心，以录播课、示范课、自省课等课型为载体，设定自助发展模式，通过研课、磨课、竞赛活动，促使教师在研磨中困于心、衡于虑、长于省、成于思，内心触动助力自我发展。

第五，建立课题引领机制。以问题为导向，以发展为目标，邀请专家、名师引领和指导教师参与课题研究，引导教师关注教学过程中的实际问题，设定微课题，进行“短、平、快”的研究，促进课题成果在教学中的实践与转化，逐步形成一种有目的的教育教学改革行为模式。

当然，教师实现职业幸福不是一蹴而就的，而是一个漫长的过程。这个过程需要学校管理者的引领和培育，更需要学校管理者从人性的原点出发，依据不同教师的不同层次需求，认真做好从低层次到高层次的设计，为教师实现职业幸福规划好蓝图，营造好环境氛围，引导他们把工作当成终生追求的事业，用教育的理想打造理想的教育，成就幸福的教育人生。

谈运斌 信阳市羊山中学
党委书记、校长

中学正高级教师，特级教师，河南省中小学名校长，河南省教师教育专家，河南省教育厅优秀教育管理人才，河南省优秀教师。

让人人成为管理者

信阳市羊山中学是2010年建校的一所市教体局直属的新学校，建校后通过短短十年的努力便成为了豫南教育沃土上的一颗教育新星。究其缘由，学校创立的独具风格的“三纵三横＋专项工作室”管理模式起到了至关重要的作用，其保证了学校管理上下一盘棋、是一个整体，实现了“统分结合、灵活机动”。

一、“三纵三横＋专项工作室”管理模式的探索

创立“三纵三横＋专项工作室”管理模式源于困难和压力：校址位于羊山新区，远离人口密集的老城区，人口入住率极低，市民对新学校还保持观望心态，第一届的招生工作一波三折，生源质量不容乐观；任课老师70%为近三年毕业的大学生，30%为八县两区的在职教师；学校远离市区，生活也极不方便，办公条件、办公设备也是逐步完善、逐步配备到位；管理团队人选不确定，职责与分工不明晰。除了上述困难，还有市委、市政府的高度重视，给学校的定位就是要办一所名校，带给我们巨大压力。当时主管教育的市领

导基本上三天两头来学校，调研座谈，推门听课。作为校长，我一学期就听课 136 节，当时的压力可想而知。

创立“三纵三横 + 专项工作室”管理模式源于传统的金字塔型管理模式的不足：传统的金字塔型管理模式是校长→副校长→政教处、教务处→教研组→教师、班主任、副班主任、教辅团队，逐级对上级负责，构成管理金字塔。这种管理模式大大限制了参与管理的人员数目，管理人员永远是少数，众多老师的积极性、创造性无施展空间。而实际的情况是群众参与管理的积极性高，老师们都有把学校办好的心愿。但我校管理干部均由内部产生，没有管理经验。所以对羊山中学这样一所新学校，传统管理模式很难使之焕发出强大的活力。也正是因为这些困难和不足，穷则思变，让我们开始了管理模式的新探索。

创立“三纵三横 + 专项工作室”管理模式源于一个理念：让人人成为管理者。什么样的管理才是好的管理？**只有人人都是管理者，才是好的管理！当没有人感到被管理的时候，才是好的管理！只有事事有人管，人人找事管，才是好的管理！**“三纵三横 + 专项工作室”的管理模式便是源于这一理念，让一线的老师们根据工作中出现的问题，根据自身的意愿和能力参与到管理中来，把涉及教师切身利益的事情交给教师自己商量处理，让人人成为管理者。

信阳市羊山中学从 2010 年建校就确立了科研兴校战略，真正实施的时候发现如何促进教研的常态化、科学化是一道亟待解决的难题。羊山中学结合学校实际情况开始了新的探索，力图通过创新管理模式，来助力校本教研。这一阶段所做的主要工作是从原来“金字塔”式的传统管理模式过渡到扁平化的有机适应性模式——“三纵三横 + 专项工作室”管理模式。“三横”即三个年级的教导处，是三个管理小团队，他们之间彼此独立运作。“三纵”指面向全体师生进行管理的校办公室、校团委，校总务处。“专项工作室”指老师们在工作中遇到了困难、发现了问题，从问题中提出构建设想，而同时自己又有这方面的专长而成立的工作室。截至目前，我校已成立 26 个专项工作室。

二、“三纵三横 + 专项工作室”管理模式的魅力

信阳市羊山中学“三纵三横 + 专项工作室”管理模式在实际研究探索过程中，结合了项目制、双轨制、联盟制等研究方法。项目制是以工作室的形式组成项目组，开展专项研究。双轨制即学校在“三纵三横”现有组织框架的基础上，打破教研组界限，根据研究兴趣和专题成立相对固定的研究组织（专项工作室），形成双轨并行的校本教研架构。联盟制是学校在组建网络研修共同体的同时成立实体联盟，与信阳市浉河区、羊山新区及罗山县、息县等地多所学校成立教研共同体，带动帮助更多学校提升校本教研品质。

在实践中，“三纵三横 + 专项工作室”管理模式也显示出其独特的魅力——

自下而上，多点发力，高效运转。专项工作室、年级组、总务处、办公室、团委是围绕教研问题来开展工作的，而这些问题不是学校领导的主观臆断，是组织成员结合我校情况共同提炼确定的。专项工作室负责人不仅是任务实施的执行者，同时也是问题的发现者、决策者。这样的角色转变让专项工作室这一组织更加机动灵活，充满了活力。因此，专项工作室开展的教研活动能够激发工作室成员的工作热情，对教师的专业成长和学校的课程改革有很大的帮助，形成了学校发展的多个发动机。

和谐团队，合作竞争，自发成长。学校的年级主任、专项工作室负责人都是学校教学管理中的一分子，即是参与者、指导者和管理者，是老师们最可信赖的朋友。在各项教研活动中，需要涉及各个年级、各学科老师，如果没有团结协作的意识，各项教研活动也就难以按时完成。在“示范引领、有序竞争”的原则下，26 个工作室经常联合起来开展各式各样的活动，赋予了教师新职责，释放了师生发展潜能，推动了学校的持续健康发展。在共同举办活动的过程中，各自的工作表现在全校师生心目中也是无形的竞争。这种合作竞争，促进了全校教师的自发成长。为打造“个体素质优良、群体结构合理、富于创新精神”的教师群体，学校以阅读教育书籍、写教育叙事、学科课例研修为着力点，借力读书工作室、教育叙事工作室、学科工作室等专项工作室，促进了教师专业成长，学校四十余位教师外出各省、市讲学；学

校申报国家、省市级课题六十余项；在近几年的信阳市中招考试中，我校各学科成绩均稳居信阳市前列。

三、“三纵三横 + 专项工作室”管理模式的实施

在信阳市羊山中学，“三纵三横 + 专项工作室”管理模式有一套比较成熟的实施机制——

赋能“三纵三横”。“三横”实行教导处主任负责制。“三纵”工作职责转向服务、参谋、监督、协调。教导处主任就是年级的总负责人，全面负责年级的各项工作，是年级教学管理之“魂”，督导教育、指导教学、引导教研、倡导教改，充分行使管理权力，合理安排各年级的教育教学工作。这种管理模式实现了以简单、灵活、扁平的组织结构代替烦琐、僵硬、垂直的组织结构。通过赋能“三纵三横”，职责分明，不会出现管理混乱的局面，促使各项工作有章可循，有条不紊高效完成。同时“三纵三横”改善了教师之间的人际关系和教科研生态环境，唤醒了教师的使命感和价值感，激活了他们变革教学方式、完善学校管理的内部动力。

把管理还给师生。谁能解决困难谁就更适合做管理。每一个专项工作室的成立，都是老师们在工作中遇到了困难、发现了问题，从问题中提出构建设想，而同时自己又有这方面的专长而成立。就拿第一个成立的“教育叙事工作室”来说吧。新校成立，我们首要的困难是教师队伍的心态境界提升与业务能力的提升。那如何才能更快地实现这两大提升呢？经过反复讨论，大家一致认为，写成长反思、写教学感悟是一个行之有效的方法，不但要有感而发写出来，还要高标准地修改完善，并将其发表在校内网上。后来杨家厚老师自己申请后，被大家顺理成章地推选为“教育叙事工作室”的负责人。十年来，老师们发表了教育叙事 3 万多篇，“教育叙事工作室”汇总了 11 本教育叙事的文集。看到自己的文章编到了文集里，教师们充满了成长的喜悦。

把工作交给有意愿的人。绩效工资和职称评定两项工作关系到老师的切身利益，是老师们自己的事情，就由老师自己来管理。由有意愿的老师自己申报来管理这项工作，如果申报的老师较多，就由全体老师投票决定一人或

两人或多人来共同管理。让人高兴的是，“绩效工资工作室”和“职称评定工作室”成立以来，学校再也没有一人因对这两项工作感觉不公而不满。涉及教师切身利益的事情交给教师自己商量处理，在这一点上信阳市羊山中学做到了“知行合一”。

锻炼工作室负责人。每一个工作室的发起人也即负责人想干好工作，单靠自己或一两个人是力不从心的。所以学校授权，根据工作需要，他们可以继续招兵买马，充实自己工作的力量以更好地开展工作。以“绩效工资工作室”为例，除了负责人袁富强外，后来又增加了张廷忠、吴群平、王万国、成廷玉、陈勇、吴飞语、杨帆、王守海 8 位老师。而这 8 位后来加入的老师，培训工作由负责人袁富强全权负责，分工也由负责人袁富强分配。从几个人的小团队管理开始锻炼，现在各个专项工作室的负责人都能独当一面。

把机会留给有情怀的人。每一个工作室都有自己美丽的故事。比如“端敬书法工作室”负责人汪丹老师，上班第一年就成为工作室负责人。因自己酷爱书法，又同时看到了如今学生的书写现状，自愿申报成立“端敬书法工作室”。在给校长和全体老师汇报的时候她说：“名字我都起好了，叫‘端敬书法工作室’，取自弟子规‘墨磨偏，心不端。字不敬，心先病。’”

随着“三纵三横 + 专项工作室”管理模式的推广和实施，羊山中学的名校梦，羊中老师的名师梦、明师梦，羊中学子的成人成才梦正一步步踏实走来，羊山中学的发展方向也越来越明晰。我们坚信：机制也是生产力。我们仍将继续扎扎实实推进我们的改革与探索，以“三纵三横 + 专项工作室”管理模式为载体，让机制来焕发活力，让一样的努力，实现倍增的效果。

丁继章 商城县上石桥高级中学校长

中学高级教师，河南省特级教师，河南省教育厅优秀教育管理人才，河南省教师教育专家，河南省第三期名校长，教育部中学校长培训中心第 11 期全国优秀校长。

不放弃任何一个教师的成长

老师是学校这所花园里的园丁，园丁的水平，直接决定着整个花园能否繁花似锦；老师是教育这块土地上耕作的农夫，直接决定着幼苗的长势和能否成材。作为校长，一方面肩负着为幼苗成长提供优良土壤的重任，另一方面还要培养一个好的教师团队。不放弃任何一个老师的成长，不仅是每一位校长的责任，也是学校发展和教育教学的必须。特别是对于农村的学校，**优秀教师不能依靠政府“送过来”，而是要靠学校自己“长出来”**。作为校长，也应看到每一位教师都具有可塑性，都可以有自己的特长，在自己的教育教学领域都可以获得不同程度的成功。

我在农村学校从事教育已经近三十年，在做校长的过程中，一直在追求不放弃任何一个老师的成长，也从未停止过探寻。

一、明确办学思想，“守”出共同追求的凝聚力

校长不是靠权力，而是靠影响力。打造一个学校教师团队的凝聚力，首先是统一思想，而不能依靠权威。没有办学思想的学校，很难让老师们同心

同力。因此，校长要做一个有思想的校长，老师们要有共同的追求，学校要有凝聚力。

于是，我任校长时，就给学校提出了“不放弃任何一个学生”的教育追求目标，提出践行“不开除一个学生”“这里没有教育不好的学生”的理念。

要把思想装进老师的脑袋里不是一件容易的事。为了将办学理念推行下去，作为校长，只能在教育实践中“坚守”，做好自己的引领。

我要求自己在每天的工作中做到“三个一”：只要是在校期间，每天清晨第一个到校园，迎接全校师生；每天至少与老师在餐厅一起吃一顿工作餐；每天抽时间进行总结学习给自己充一次电。目的就是找机会，给每一个学生点赞，发现每一位老师的优点，促使校园里包括我自己在内的每一个人成长。就这样数十年一直坚守，换来了老师们渐渐的理解和接受，慢慢的改变，他们开始有所追求。

用自己的努力来影响教师。任校长期间，我一直追求做一个有思想的校长、专家型校长，做一个名校校长。我突破农村学校难有作为的藩篱，走进教育部中学校长培训中心的优研班，成为第 11 期全国优秀校长中的一员。我还撰写了《追逐梦想》《梦海扬帆》《校长心语》等系列丛书。同时，我校的教学成绩逐年攀升，连续多年位居地区农村高中榜首。

努力在实践中慢慢见效，坚守在现实中逐渐开花。老师们从开始的质疑，甚至反对，到相信，尝试去做，最终改变思想认识。每一位老师都在不断地突破自己，不断追求，不断进步。

二、给优秀画像，“赞”出老师的动力

榜样就在身边，优秀就是力量。为了树立优秀典型，我开始给我校教师写“师赞”，以“六韵”的形式写在校园公告栏的黑板上，每周写一位，凝练老师身上最突出的闪光点。从我们评选的校园最美教师，到优秀班主任，再到九大学科骨干等；内容包括业务素养、性格品质、家庭生活等诸多方面最突出的优点。为了写出他们最突出的一面，背后要做大量的材料收集工作，要做一个时刻把教师放在心上的有心人：一方面，被称赞的老师会更加严格

地要求自己，做好榜样；另一方面，还在成长的老师会不断改进，争取早日上榜。就这样，“师赞”一直未间断地持续了两年多，两年多的时间里，老师们逐渐一个一个地走向“师赞榜”，最终我为全校210位老师都写了“师赞”。这个持续的时间，也正是老师们不断修身成长的时间。

同时，为了激励，我为我们的优秀老师在校园立像。重视教育，理应从尊重教师开始，特别是终生默默无闻奉献于讲台的教师们。我曾看过“孔子像”树立于许多学校，也见过叶圣陶、朱自清等一些先贤的像立于他们所执教过的学校，但我从没看到有现在还执教的教师在他所教学校立像的。这是不是一种缺憾？由此我燃起了为每位教师树形立传之意。正如我在校园广场屏风上写的一句话：“也许我们永远成不了这里的雕像，但我们的拼搏精神将会在这里传承。”

于是，我把我校班主任及优秀教师共210位的头像，配上“师赞”，制成宣传牌，挂在校园的路灯杆上，以表彰他们爱岗敬业、扎根上高、无私奉献的精神。把他们立在朝夕战斗的地方，目的就是希望大家相互学习、鼓舞斗志、激励后来者。

我们就是要为普通的教师立像，要激起每一位老师的上进追求，让每一位普通老师都能一生行走在追求圣人的路上。

从管理学的角度考究，最次的管理靠行政，二流管理靠制度，最高境界的管理靠文化。我认为老师是一所学校的主体核心，他们才是一所学校的核心文化。他们可以滋润这所学校，影响这所学校，壮大发展这所学校。他们才是这所学校的主人，通过他们去撑起这片蓝天，通过他们去培育一代又一代社会需要之人。

校长要善于发现教师的优点，激发老师源源不断的成长动力。校长要愿为每位教师服务，为每位教师唱赞歌，为他们搭建不断前进的舞台，促其成为更优秀的教育精英。

三、精准帮扶，“逼”出老师的潜力

教师是一个需要与时俱进、不断更新知识的职业。这就需要学校制订培养制度，“逼”出老师的潜力，“逼”出优秀老师。

“三年站稳讲台，五年成为骨干，七年成为名师”是我们对每一位入职教师的总体成长规划，以使其奋斗方向明确，成长道路清晰，专业知识过硬，教育教学业绩突出。

为此，我们制订了详细的“一对一结对子”青年教师成长培养制度，开展“以老带新”活动。青年教师经过初步了解，主动在教研组选择一位老教师做师父，进行“一对一结对子”。一方面，青年教师可以传承优秀的教学传统和经验，快速成长；另一方面，青年教师又为老教师“注入新鲜血液”，使老教师不断更新知识。新老结合，青年教师可以快速成熟，老教师可以永葆青春，从而共同成长，不断成长。

优秀教师的培养是一个复杂漫长的过程，我们也一直在探寻多种途径。日常工作中，每周进行一次校本教研，每季度带教师到县内其他优秀学校交流学习一次，每学期带教师到县外参加一次教育教学交流会或者专家培训会。现在网络资源丰富，我们还经常组织教师进行线上培训，使之不断成长。

教而优则仕。优秀教师喜欢钻研自己的专业，对走上学校领导岗位往往是消极的。然而学校的发展，不仅需要优秀的老师埋头耕耘，也需要一个优秀的领导团队来引领方向。优秀的老师往往在各个方面更能代表老师的利益，更能认识到学校发展的问题。因此，经过研究，我们定下“教而优则仕”的原则。由各组推荐，结合教育教学业绩，选定优秀教师为培养对象，将他们充实到学校的领导干部之中，分布到学校管理的各个方面。

四、培养爱好，“激”出老师的活力

我们需要培养健康、阳光、有活力的优秀老师，我们需要能够享受教育教学的优秀老师。

为此，我们培养教师能有与自己职业专业相一致的爱好。如果一个教师的爱好与自己的职业专业相一致，那么他终生都是快乐的，工作对于他来说，就是一种享受。正如，体育老师喜欢打球，常常是无论上课下课，一有时间就泡在操场，就在研究自己的专业。这是他们的爱好，也是他们的专业。他们的课堂，也是他们享受的时光。其实其他科也可以如此，阅读、书法、太极拳、音乐、国画等都可以成为老师们的爱好。因此，我们培养教师良好的爱好，激出老师的活力，以达到真正享受工作的目的。

在新冠肺炎疫情防控期间，我受平时校园广播的启示开始写“校长之声”，每天一篇，通过微信群由全校班主任转发到各班家长群。整整一个月，一共写了31篇，内容涉及办学理念、疫情防控、家校共育等诸多方面。写作是我疫情期间最大的爱好。同时，我也将这些发到学校工作群，提倡全校教师每人写一篇“教师之声”，很快就收到一百多篇，有对学生的嘱咐，有对经验的介绍，有对教育教学的反思等。后来，很多老师表示自己已多年不动笔，写起来很难，但等完成了又感到很满足，准备在以后的工作中常写多写。我也相信，这会促使更多的老师动笔，并爱上写作。

当一位老师能享受自己的教育工作时，无论育人工作在别人看来多么辛苦，他的一生都是幸福的；如果一个老师，爱好与职业专业不相符合。比如喜欢喝酒、赌博、沉迷玩乐等，那么工作对于他来说，无疑就是受罪，其一生也必定是苦不堪言。

学校教育既涉及社会的各个领域，又牵扯到未来的千秋万代；既影响一个人的一生，又关乎整个国家民族的发展。教师教育的每一个细节，都可能在未来引起一场“蝴蝶效应”。这也是我们从事教育工作不得不深思慎行的原因。

因此，我们追求“不放弃任何一个教师的成长”，追求每一位教师都必须优秀。教师教育的是人的灵魂，而灵魂的传播是翻倍地无限扩展。所以，教师的职业，决定了教师必须不断成长。学校对优秀教师培养的不断探求，是对教育负责，对学生和家长负责，对整个社会负责，也是对我们国家和民族负责。

邓付申 许昌市建安区第三高级中学校长

河南省优秀教师，河南省特级教师，河南省教育厅优秀教育管理人才，2015 年许昌市功勋校长，许昌市名教师，许昌市名校长，2016 年许昌市五一劳动奖章获得者。

人本理念下的教师队伍建设

随着我国教育改革的不断深入，以人为本的管理理念越来越受到各级管理者的重视。要想促进教师队伍整体素质提升，就需要打破旧有管理体制，树立新型的以人为本的管理理念，建立人性化的各级管理体系。

具体而言，人本管理理念就是学校管理中要确立教师的主体地位，促使教师的内在价值和外在价值有机统一，进而激发起教师的高度主人翁意识、能动性和惊人的创造力。

一、一个中心，厚植师德灵魂，点燃人本理念下教师队伍建设的理想信念之光

围绕一个中心，就是在实施人本理念下的教师队伍建设中，紧紧围绕教师是教育之本这个中心，创新教师队伍建设模式，把厚植教师师德、师风、师纪、师能作为人本理念下教师队伍建设的重要组成部分，结合校情、师情，创新教育方式，尝试从“过来人”的角度，指导“后来人”提升素质，凝聚力量，激发教师队伍活力。

根据学校摊子大、师生多、战线长、工作头绪多、工作量大的校情和中青年教师多且思想活的特点，我们以学习、探索、实践、创新为主线，编写了许昌市建安区第三高级中学教师培训教程。以建安三高人的“敬业、奉献、仁爱、创新、攀登”精神为核心，采取集体培训、分年级培训、网络培训、假期培训、新入职年轻教师岗前培训、微信视频培训、边教边学等不同方式，发挥学校网络功能，树立标杆，以老带新，对全校不同层次的教师采取不同的方式进行培训、引导和教育，在人本理念关怀下将“四有”好教师之魂植入全校教师心中，把厚植教师情怀、强化师德教育贯穿在教师教育、培训、培养的全过程，将教师之“基”和师德之“本”的基因融入教师的血脉，锤炼教师品格，提升教师素质，增强和激发人本理念下的教师队伍建设的凝聚力、向心力与团队活力。

以德立身、以德施教、以德立学、以德为生、以德为校的师魂深深扎根在全校教师的心中，形成风清气正的校风、教风和学风。

二、抓住重点，培育三种意识，营造风清气正的工作氛围

方向决定命运，思想决定未来。人本理念，强调的是人与人之间的和谐、尊重和支持。

我们紧紧抓住培育教师的主人翁意识、团队意识和服务意识这个重点，从关心、理解、尊重全校老师，促进教师的全面发展做起，调动全体教师的主动性、积极性、创造性。

以教师为本，激发和培育教师主人翁意识。领导率先垂范，带领各管理层起到表率作用，建立健全领导监督约束机制，制定党政干部廉洁制度、学校大事议事制度、民主评议行政制度、教职工考核评议制度、校务公开制度等，充分发挥教职工的民主参与及监督作用，调动教师参与管理的热情，树立家校意识、责任意识，以主人翁的姿态积极参与学校管理。

营造竞争与协作工作氛围，培养团队精神。学校把激发教师个体与群体潜能作为重点，培育良好的团队精神。我们在学期综合考核评定、评先进、评优秀、评职称等方面，设立各类奖励机制，开展各种竞争，以激发每个教职工

的潜能，在评优评先中激发教师的工作热情，在教学竞争中促进教师团结协作，形成相互激励、乐于协作、公平竞争、充满活力、蓬勃向上的良好团队精神风貌。**集体的力量胜过个体能量的总和，只有在相互学习和相互竞争中才能够更有质量地发展，从更高的视角去发展自我，在互动的氛围中共同进步，共同发展。**

转变管理观念，树立服务意识。管理层要转变官本位思想，树立心系学校、情系教师的服务意识，努力发现每一位教师的聪明才智，激发每个人的潜力，以个体促教师队伍整体综合素质的全面提升。管理层要树立带头学习意识，明确人本管理的主体地位，做到领导即服务、管理即服务。管理层要延伸服务范围，与学校教职员工多渠道互动沟通，帮助教师排忧解难，把尊重、民主的人本理念落实到教师心中，用管理者的宽厚、仁爱、关心、尊重、信任、理解来激励每一位教师。

构建一个科学的管理组织网络、队伍和运转机制，注重大力培植团队精神和合作意识，充分发挥集体的智慧和力量，带领全体教师投入到学校各项工作中去，保持校园的和谐发展。这是现代学校管理发展的必然趋势。

三、做到两个协调，实施三大工程，让人本理念下的教师队伍建设耀眼闪光

立校靠质量，质量靠教师，教师靠人本理念下的教师队伍建设焕发出的团队工作激情去创造育人价值，实现学校发展目标。

人本理念下的教师队伍建设，就是要紧紧抓住教师这个人本管理的主要对象和推进学校高质量发展的教师资源，做到制度管理与人本管理的协调统一，确保文化建设与人本理念管理下的教师队伍建设协调统一，构建幸福教育，调动、激励教师队伍的工作积极性和创造性，引导教师在幸福的工作中实现教书育人目标，创造出令人瞩目的业绩和人生价值。

实施人本理念下的校园文化建设工程，树标杆，激发团队活力。把师德作为校园文化建设的组成部分，让“四有”好老师的师德师风校园文化激励教师进步、成长、发展，为学校的发展带来强大的正能量。铸就以攀登、奉献、

奋进为核心的三高精神，发掘“一训三风”等特定的文化内涵，感染、美化、净化师生的心灵，让师生心灵相通、思想一致，不断提高教师队伍的凝聚力、向心力、责任意识和竞争意识，营造强大的正气场，促进学校的持续发展。

实施教师专业素养提升工程。把建立健全教师成长的考评与奖励机制作为促进教师成长的途径，把名师工作室作为提升教师专业素养和创新能力的平台，把专业素养提升和绩效工资挂钩，建立能者上、庸者下的激励机制，激发团队自主学习活力，实施新教师成长计划，尝试以“过来人”指导帮扶“后来人”，提升专业素养，助推青年教师迅速成长，让教师在专业素养文化的熏陶下快速成长和发展，成为学校年年荣获许昌市市长教育质量奖的助推器。

实施改善和优化教师生活工作环境工程，营造和谐的教师队伍氛围，让人本理念下的教师队伍建设更具人性化活力与魅力。工作中，从智力、知识、思维风格、人格、动机和环境着力，优化教师工作生活环境，营造和谐的人际关系。

四、做好“三新”用人，充分调动全体员工工作的积极性

管理的本质是对人的管理。在“人、财、物、时间、士气、章法”等诸要素中，“人”是最主要的。因此，**在具体的学校管理中，要做到合理用人：知人要有新举措，选人要有新途径、用人要有新思路。**

知人是用人的前提。要想恰当地使用各种人才，就必须借助各种有效的手段，从一点一滴的小事入手，细心观察、洞察秋毫，了解其基本情况。在了解其基本情况时，可以有意识地创设一个环境或提供一定的条件，看其表现如何，以促知人之效果，做到有的放矢。

在选人时要不拘一格。每个人都有自己的个性特色和为人处世的风格，要充分挖掘出每个人身上的积极因素，尽可能地避人之短，补人之短，充分发挥人的长处。在任用一个人之前，一定要在静中察，在用中观。另外，在选贤任能时，应该避免任人唯亲，要广开才路，通过多种渠道、多种途径、多种方法，不拘一格地选拔人才。

用人首先应着眼于人的长处，正确认识和对待教师的不足。对于在工作

中出现过失误的教师，要帮助其吸取教训，进而毫无疑虑地任用，这样会使其倍加珍惜，竭尽全力地工作。因此，用人者必须胸有丘壑，知人谙事，熟察明断。

学校人本理念下的教师队伍建设，紧跟时代步伐，在创新中求发展，在实践中求经验。人本理念下的教师队伍建设管理体系日益完善，形成了具有特色的“三个统一”的教师队伍管理模式，教师整体素质得到全面提升。

学校有了一流的教师队伍，加上现代化的硬件设施、先进的教育理念、鲜明的教学特色，就能办成社会满意、家长放心、学生向往的优质学校。“有人性，有温度，有故事，有美感”的新样态也就会逐步实现，从而“让每一位教师都幸福，让每一名学生都精彩”。

李万里 河南师范大学附属小学校长

河南省中小学名校长，河南省特级教师，河南省教师教育专家，河南师范大学国培专家。

激发个人主体性因素，促进教师专业发展

教师专业发展对于学生、教师以及学校的发展具有重要意义。我们学校采取多种措施，从职业认同、职业发展动机、自我专业发展意识、自我效能感等方面，激发教师个人主体性因素，促进教师专业发展，建设了一支高素质的教师队伍，为落实“立德树人、全面发展”的办学理念，培养“身心健康、充满自信、善于学习、勇于创新”的合格人才，打下坚实基础。

一、促进教师职业认同的形成

教师职业认同，是教师从内心深处接受教师职业，并能对教师职业的各个方面做出积极的感知和正面的评价，从而愿意长期从事教师职业的主观心理感受。**教师只有认同自己的职业，才能对学生和教育充满热爱，才能激情满满地付出，才能长期坚守在立德树人的教师岗位上。**教师只有认同自己的职业，愿意成为优秀的“传道、授业、解惑者”，才有可能通过实践成为理想中的自己。

学校组织学习《中小学教师职业道德规范》，让教师理解小学教育工作

的意义，促进教师热爱小学教育事业，具有职业理想和敬业精神；学校贯彻落实《小学教师专业标准》，让教师明白作为一名小学教师，要“学生为本、师德为先、能力为重、终身学习”，自觉贯彻党和国家的教育方针政策，遵守教育法律法规；学校组织学习《新时代中小学教师职业行为十项准则》，让教师明确新时代教师职业规范，深化师德师风建设，造就政治素质过硬、业务能力精湛、育人水平高超的高素质教师队伍。

河南师范大学以“校风淳、教风正、学风浓、教学水平高”享誉省内外。学校利用师大浓厚的学术氛围，帮助教师树立终身学习观念。河南师范大学承担着多种学科、不同层次的“国培计划”培训项目，邀请到校授课的“国培”专家，既有国内业界著名专家，又有众多高校知名教授，还有实践经验丰富的一线优秀教研员、教师。学校与师大各学院保持密切联系，提前了解各种培训项目课程表，采取学校组织和教师自主参与相结合的办法，聆听专题讲座、观摩示范教学，提升教师专业水平。另外，学校采取“走出去、请进来”的方式，开展培训工作，定期邀请河南师范大学教育学部专家到学校讲学、指导。

学校积极组织教师参加教育教学、科学研究活动，促进教师专业成长。学校坚持开展“三课”评比活动，组织新入职教师开展“达标课”评比活动，组织中青年教师开展“优质课”评比活动，组织经验丰富的教师开展“示范观摩课”评比活动，提高教师教学技能；积极组织优秀教师参加各级教育行政部门组织的优质课评比、教学技能大赛活动，督促教师快速成长。学校制订“科研兴校”办学方针，积极组织教师参加课题研究，定期邀请专家到学校参加课题开题报告会、中期报告会，对学校教师研究课题进行理论指导，促进教师专业成长。

二、激发教师职业发展动机

教师职业发展动机，是影响教师专业成长的核心要素。一个教师能否实现从青年教师到专家型教师的飞跃，根本原因在于个人的内在动机和成就动机，即是否发自内心地追求卓越，是否愿意为成就卓越做出不懈的努力。榜样的力量是无穷的。学校把部分专业发展成绩显著的教师作为榜样，激发不同类型教师职业发展动机。

学校领导班子四位成员，都是中师毕业参加工作的。他们虽然学历起点不高，但是不断学习，努力提高学历水平；积极参加各种教育教学活动，提高自身素养。他们担任领导职务之后，仍全部工作在教学一线，承担语文等学科教学任务。目前，他们全部取得本科学历、全部获得教育硕士学位、全部晋升为中小学高级教师、全部被聘为河南师范大学硕士生兼职导师，在教师专业发展方面，为全体教师做出榜样。四位校领导，在完成学校管理任务的同时，担任语文等学科的教学任务，都取得了突出的成绩，在教学科研等方面，也为全体教师做出了榜样。

学校有五位专家型教师，都为中小学高级教师。他们主持的课题多次荣获省级优秀成果一等奖，执教的优质课多次获省、市级一等奖，撰写的多篇教育教学论文在学术期刊上发表，还有部分参编著作出版。学校定期安排专家型教师做专题讲座、讲示范课、谈成长道路，为优秀教师做出榜样，激励优秀教师专业发展。

学校中的优秀教师深受学生、家长喜爱，同事认可，他们身上充满了正能量。学校采取“结对指导”的方式，让优秀教师指导青年教师成长，为青年教师做出榜样。学校开展优秀班主任经验交流、科研成果获奖教师经验分享等活动，充分发挥优秀教师的示范引领作用，激励青年教师专业发展。

三、提高教师专业发展意识

叶澜教授曾经说过：“教学是一项极为复杂的工作，要成为一名真正的教学人员，需要经过长期的专业学习过程，所以教师自身的专业发展意识在成长过程中显得十分重要。只有具备自我专业发展意识的教师，才会产生内在的专业发展动力，进而获取专业发展。”学校通过传承优秀师大文化、营造良好校园文化、创建和谐育人环境，提高教师专业发展意识。

传承优秀师大文化，熏陶教师。河南师范大学创建于1923年，是省政府与教育部共建高校，综合排名始终保持在河南省前三名。师大文化氛围浓厚，“学在师大”名不虚传！学校积极传承、运用优秀师大文化熏陶教师，教师们感到身处师大，学习就是常态，学习就是责任；身处师大不继续学习，不提高业务水平，感到心中有愧。学校现有 42 位教师，大都是中师毕业后参加工作的，经过不断学习，学历水平得到了很大的提升；目前 39 人具有本科学历，18 人获得了硕士学位，为促进教师专业发展打下了坚实的基础。

营造良好校园文化，感染教师。学校营造良好的校园文化，提高教师专业发展意识。首先，创建学校荣誉墙。在校门口教学楼山墙上，上面呈现社会主义核心价值观内容，下面展示近几年学校获得的 36 项省市区级荣誉，激励学校师生继续努力，再创佳绩。其次，建立毕业学子照片长廊。在教学楼楼梯两侧的墙壁上，悬挂着建校以来珍藏的历届毕业学子与教师的合影照片，展示学校发展历程，增强学校的凝聚力。第三，丰富走廊围墙文化。教学楼走廊建成文化长廊，一至四层分别呈现“经典诗歌、传统节日、励志名言、古人六艺”主题；校园围墙上展示出《三字经》《弟子规》《论语》等国学内容，营造出浓厚的校园文化气息，突出“让读书成为习惯，让书香溢满校园”主题。

创建和谐育人环境，激励教师。开学前，组织教师认真参加教材培训，督促教师吃透教材、精心备课。开学第一课，充分准备，精彩展示，用自己的教学技能获得学生尊敬。学期初，要求教师认真了解学生情况，准确把握学科知识体系、教学内容，掌握学生身心发展规律。召开家长会时，精心准备，赢得家长信任。学校通过党支部、工会等组织，开展丰富多彩的群体活动，鼓励教师积极参与。在活动中，教师之间相互沟通、相互了解，营造良好的氛围、融洽的人际关系。通过协调教师与学生、教师与家长、教师与教师之间的关系，创建出和谐的育人环境，激发教师提高专业发展意识。

四、增强教师的自我效能感

教师自我效能感，指的是教师对教育价值、对自己做好教育工作与积极影响儿童发展的教育能力的自我判断、信念与感受。

教师自我效能感，无论对于教育工作、儿童发展还是教师自身发展都具有极其重要的意义，是促进教师自主发展的重要内在动力机制。学校充分利用“教育部财政部‘国培计划’——河南省中小学教师培训项目实践基地”“河南师范大学硕士研究生教育实践基地”“河南师范大学本科生教育实习基地”等平台，增强教师自我效能感，促进教师专业发展。

搭建青年教师快速成长平台。学校借助本科生教育实习基地，搭建青年教师快速成长平台。河南师范大学本科学生到校实习前，要求有“带教”意向的老师制订出详细的培养方案，学校领导小组进行评议，最终确定承担本科生实习任务的教师。本科生实习期间，学校进行监督指导；本科生实习结束后，学校统一组织，对学生实习效果进行考核。本科生实习期间，“带教”教师上的每一节课都是示范课、观摩指导课，促使教师认真备课、精心准备；“带教”教师指导实习生管理学生、进行教学设计，促使教师认真梳理教育学、心理学知识，做到教学理论与教学实践相结合。学校通过积极承担本科生实习任务，促进了青年教师快速成长。

构建优秀教师走向卓越平台。学校借助河南省中小学教师培训项目实践基地，构建优秀教师走向卓越平台。学校安排优秀教师承担河南师范大学文学院等6个学院上百次“国培”任务，通过“专题讲座、观摩教学、送教下乡、教师工作坊”等形式，开展培训工作。培训组织到位，受到参训学员的高度评价。学校在承担“国培”任务中，督促优秀教师不断梳理、反思、总结教育教学经验，在专业发展道路上逐步走向卓越。

创建专家型教师高端发展平台。学校借助硕士研究生教育实践基地，创设专家型教师高端发展平台。学校五位专家型教师被聘为河南师范大学兼职硕士生导师，每年承担十多位硕士研究生的论文指导、跟岗教育实践任务，承担小学教育专业、学科教学论（语文）专业硕士研究生的部分教学任务。专家型教师在培养硕士研究生的过程中，需要教育理论与教学实践相结合，促进其进一步提高专业水平。

晁明芳 鹤壁市淇滨小学
党支部书记、校长

正高级教师，河南省师德先进个人，河南省学术技术带头人，河南省教育教学专家，河南省名校长，河南省劳动模范，享受河南省政府特殊津贴。

激活教育，让教师团队焕发生机和活力

2016 年 2 月，我从鹤壁市湘江小学调任淇滨小学。我带领老师认真梳理学校已有的理念、精神，将其与我在湘江小学八年形成的教育思想相互融合，形成以“激活生命，面向未来”为主旨的“激活教育”办学理念。我把激活教师生命潜能的经验与做法、激活教师团队的实践与探索，总结为三个层次十五个字，即精神的引领、行动的支持和情感的沟通。

一、精神引领，激发教师崇高的人生境界

研究证明，来自人的内在的动机才是持久的、力量强大的工作动力，而人的道德的、精神的力量，远远大于物质的甚至情感的力量。因此，最近几年来淇滨小学管理领域的发展趋向就是提倡精神引领。这种模式的根本原理就在于激发教师内在的精神和道德的力量，让教师从教育事业的使命感中获得信仰的力量、发展的动力和教育的激情。

淇滨小学不仅仅是老师们工作的场所，更是老师们激活自己和学生的生命活力、师生共同成长的地方。在精神引领方面，学校通过以下方式来完成。

用理想信念，激发教师把中华民族伟大复兴作为教育的使命，坚守为党育人、为国育才的责任。坚定理想信念，除了主题学习外，学校还举行最美教师事迹报告会，以及走进红色教育基地活动，用身边的榜样、真实的历史、感人的英烈故事、鲜活的英雄形象，以及现场感受、领导追问、教师对话等形式帮助教师荡涤心灵、提升精神境界，进一步明确新时代教师的世界观、人生观、价值观。

用共同愿景，组成淇滨小学精神共同体，办一所令人尊敬的全国文明学校。淇滨小学的教师如今已逾 140 人，大家来自不同地方，拥有不同经历的教师给淇滨小学带来了不同的文化。对于这样一个群体，如何管理才能实现彼此文化的认同、价值的最优化？答案就在于明确共同的愿景，建立精神共同体。坚定了理想信念、研制了共同愿景，明确了学校教育理念之后，每一位教师心目中都形成了共同的奋斗目标，大家带着教育的使命和责任，揣着人生的目标和价值，内心充满了力量，焕发出强大的青春活力！学校形成了一支师德高尚、业务精良、能打硬仗能打胜仗的教师队伍。这是一支充满了正能量，面对挑战和困难不退缩、不示弱，敢打敢拼的教师队伍。

二、行动支持，激活教师巨大的专业潜力

信念只有通过行动才可以变为现实，知识只有通过实践才能够成为智慧。作为教师，不仅要明白做什么、为什么做，还要明白如何做。在这个方面，校长要给予足够的行动支持，帮助教师建立有效的思维方式和行动策略。

在行动层面，淇滨小学也做出了很多有益的探索。学校形成了“3+2”工作方式、“1+1+1”行动策略、周五课堂研究行动、每周行动例会。“3+2”工作方式即所有管理人员每周有 3 天到课堂、教师和学生中去，2 天在办公室处理各种事务；“1+1+1”行动策略里的三个“1”，代表所有教师都要发现一个理念、思路、问题或先进理论，完成一个案例、一堂教学、一个活动、一次谈话、一项调查，反思一次行动、诊断一次行动、解剖一次行动、记录一次行动，这种“发现 + 行动 + 反思”的策略强调的就是基于行动并改善行动的策略。

除此之外，我还把行动的支持策略系统化，就是对教育教学做更多的研究，而且这些研究要基于教师教育实践的真实需求。

用丰富的课程，提供平台，激发教师无穷的创造潜能。学校通过丰富的课程给教师提供发展的平台、引导发展的方向、提供发展的帮助，激活每一个教师的潜能，提高学校整体的教育效能。学校倡导教师自己开发设计课程，这些课程给了教师充分的展示平台，保护了教师鲜明的个性，激发了教师个体的创造激情，教师的创造潜力得到充分发挥。

用梯队培养的形式，树立目标，引领教师不断成长。为了帮助不同阶段教师找到自己的发展目标，学校帮教师进行职业的规划，在学校评选不同称号的专业教师。对于新上岗的教师，学校搭建成长的支架，让新教师站稳讲台，迅速成长。对于工作几年的教师则设计梯队目标：工作 1—4 年的教师争当教师新秀，工作 5—10 年的教师评选教学能手，工作 10—15 年的教师争当学校市级名师，工作 15 年的以上教师争做首席教师，工作 25 年以上的教师授予功勋教师称号。这样让不同年龄的教师一直充满工作的热情。

用专业阅读，提升底蕴，加快教师专业发展的速度。教师的工作性质决定了教师离不开读书。学校倡导教师进行专业阅读，提倡读自己所教学科的专业之书，读教育理论之书，读教育哲学之，读提高教师修养、提升文化内涵之书，读儿童们喜欢之书。几年来，大家边读边思考，每人每天都在各年级的交流群中分享读书的收获与心得。

用专业写作，形成教育思想，向专家型教师发展。学校坚持开展“一日一反思”活动，要求教师进一步反思自己的教育教学行为，同时学校多名老师的文章经常在刊物上发表，逐渐成长为有学术思想、有教学风格的专家型教师。

拜名师、访名校，用名师引领，助推教师快速成长。为了引导教师人人争当成长型教师，我们启动了“快车道”的行动计划，设置了“成长高速公路”，让“车况佳、性能好的车子”在多重能源的助推下加速奔跑，在最近发展区获得最优发展，并在发展的过程中享受教师的职业幸福。

用网络学习，踏上时代需求的快车。新学校为推动新时代的教育教学变革、营造育人新生态，安排26名教师到北京师范大学参加“AI+时代思维与评价”教学融合创新培训。

真正的帮助、有效的指导，尊重、理解、肯定，教师们自我约束、主动成长，在专业领域走得更远。

三、情感沟通，用女性校长特有的柔性管理，滋润教师的心田

学校的管理应该充满浓厚的人文关怀，我始终在积极地寻找情感沟通的有效途径与方式来温暖教师。作为女校长，我以丰沛的情感、良好的沟通能力、真切的换位思考习惯、开放豁达的胸怀，为老师提供了宽松的工作氛围。作为女性管理者，我更懂用柔性的管理，滋润老师的心田。

讲述校园感人故事，记录学校师生美好的教育故事。通过有意识地记录淇滨小学师生真善美的故事，学校形成了一种昂扬向上、敬业奉献的工作氛围。这种充满正能量的风气为淇滨小学奠定了充盈而丰厚的心灵基座。

特别的爱给特别的你。除了关心教师的专业发展，对于教师的生活，学校领导同样用心用情去关怀：教师生病了，领导会主动登门看望；教师父母住院，领导班子前去探望……我们利用教师节、三八妇女节等定期评选最受学生欢迎的教师、最有活力的教师等，并且用最精练的语言写出颁奖词，同时给教师家属写感谢信，让教师和家属共同感受成功的喜悦。

丰富的闲暇文化，给教师心灵放个假。除了繁忙的教育教学工作，教师的闲暇时间如何利用也需要我们引领，学校带着老师一起参加鹤壁市朗诵协会、书画协会、合唱协会，新年一同观看新年诗会，组织三八歌会、舞会，一起到影院观看《建党大业》《一个也不能少》等电影；组织老师在淇河诗廊散步、到桑园小镇游园，等等。这些轻松的休闲活动，丰富了教师的业余生活，提升了他们的精神境界，让老师轻松、优雅地生活。

以多彩的活动，让教师身心更健康。校工会成立了教工瑜伽、健美操、羽毛球、篮球等社团并组织多种活动，在教师节这一天老师们穿过红色的拱门，走过鲜红的地毯，在孩子们的鲜花和祝福声中来到学校红旗广场；在三八妇女节老师们穿上军装一起进行团队拓展；元旦前夕大家汇聚到操场一起玩“划

大船”“赶小猪”等游戏……这些多彩的活动，让老师们舒展了身心，退去了疲惫，像孩子般尽情欢笑。

送“八个一”，给教师人文关怀。当老师迎着朝阳走进校园时，我在校门口送上一个微笑，让大家开始美好的一天；当老师有效的设计在课堂上引发孩子精彩的发言时，我竖一个拇指，送给老师肯定和赞许……这小小的几个一，传达了校长对教师的关心与爱护、信任与支持，传递了校长对老师的真诚与真情。这些用心的情感沟通，是淇滨小学充满人文情怀的细节，诉说着学校对教师心灵的关怀，让每一位教师心头感到温暖的同时，也获得精神上的鼓励。更重要的是，使学校形成一种融洽和谐的关系，昂扬向上、敬业奉献的工作氛围。

著名教育家陶行知说，国家把整个学校交给你，需要你用整个的心去做整个的校长。做校长十几年来，我把整个心交给了学校、交给了老师和学生！

我坚持高举“激活教育”这面旗帜，作为旗手，站在教育思想的前沿，指导学校的发展，站在教师面前，以精神感人、以思想启人、以行动带人、以情感动人，激活所有教师教育的情怀、激发教师的成长愿望、激活教师的巨大潜能和无穷智慧，我坚信这支高素质的教师团队，一定能培养出合格的社会主义建设者和接班人，为中华民族的伟大复兴贡献全部的力量。